교과서 한자어 4학년

어린이 훈민정음을 위한 **초등학교 4학년 국정교과서**

교과서
한자어

(사)훈민정음기념사업회 책임편집

4학년

개정 교육과정 최신판 교과서 철저 분석!
어린이 훈민정음과 교과서 한자어를 동시에!

(사)훈민정음기념사업회•문화체육관광부 산하

가나북스

어린이 훈민정음을 위한 **초등학교 4학년 국정교과서**

교과서 한자어 4학년

발 행 일 | 2024년 5월 5일 초판 1쇄

지 은 이 | 박재성

책 임 감 수 | 김진곤

편 집 위 원 | 김보영 박화연 박희영 이도선

발 행 인 | 배수현

디 자 인 | 천현정

펴 낸 곳 | 가나북스 www.gnbooks.co.kr

감 수 처 | 사단법인 훈민정음기념사업회

출 판 등 록 | 제393-2009-000012호

주 소 | 경기도 파주시 율곡로 1406

전 화 | 031)959-8833(代)

팩 스 | 031)959-8834

ISBN 979-11-6446-106-6(63710)

4학년 수학 교과서에 '대분수'라는 낱말이 나옵니다. 무슨 뜻일까요? 이러한 어려운 한자어 때문에 어린이 여러분들이 선생님께서 가르쳐주시는 내용을 바로 이해하지 못하고, 교과서를 읽어도 무슨 뜻인지 몰라 학교 수업이 재미가 없고 어렵다고 느꼈던 경험이 많을 것입니다.

이 '대분수'라는 어휘를 만약 선생님께서 '대분수(帶分數 : 정수와 진분수의 합으로 이루어진 수. 즉, 정수正數를 허리띠처럼 차고 있는 진분수眞分數)'라고 한자로 함께 적어서 설명해 주셨더라면 낱말의 의미를 시각적으로 생각할 수 있어서 '대분수(大分數) : 큰 분수'라는 엉터리 풀이를 하지 않을 것입니다. 그래서 교과서 내용을 좀 더 빠르고 정확하게 이해할 수 있게 되어 어휘력이 좋아지면서 교과학습능력도 지금보다 더 많이 향상될 수 있었을 것으로 생각합니다.

그래서 세종대왕께서는 우리 말을 더 쉽고 정확히 익힐 수 있도록 훈민정음을 만들어 주셨습니다. 이에 2022 개정 교육과정 최신판 초등학교 교과서에 실린 한자어를 철저히 분석하여 쉽게 이해하고 활용할 수 있는 『초등교과서 한자어 학습서』를 출간하였습니다.

교과서 한자어 공부는 다섯 가지 즐거움 즉, 오락(五樂) 공부입니다.

오락(五樂)이란? ①수업이 즐거운 「受業樂(수업락)」, ②학교가 즐거운 「學校樂(학교락)」, ③자녀가 즐거운 「子女樂(자녀락)」, ④부모가 즐거운 「父母樂(부모락)」, ⑤가정이 즐거운 「家庭樂(가정락)」의 다섯 가지[五] 즐거움[樂]입니다.

뿌리가 튼튼해야 열매가 풍성합니다. 대한민국의 미래를 위해서라도 어린이 훈민정음을 위한 교과서 한자어 학습은 문해력을 높여주는 특별한 학습법이 될 것입니다.

어린이 훈민정음을 위한 『초등교과서 한자어 [4학년]』 학습서는 초등학교 국정교과서 과목에 실린 한자어를 완전히 분석한 자료를 바탕으로 학교 수업과 직접 연결되게 하여 우리 어린이들이 재미있고 쉽게 교과서 한자어를 익힐 수 있도록 특별 비법으로 집필하였습니다.

아무쪼록 이 책으로 공부하는 우리 어린이들이 교과서의 내용을 더 빠르고 정확하게 이해하는 데에 도움이 되고, 나아가 즐거움 속에서 학습하고 마음껏 뛰놀면서 다양한 지식을 갖춘 글로벌 인재로 성장하는 데에 보탬이 되기를 소원합니다.

사단법인 훈민정음기념사업회 이사장/교육학박사 박 재 성

　이 책은 2022 개정 교육과정에 맞춘 최신판 초등학교 4학년 국정교과서에 실린 한자어를 분석하였기 때문에 해당 학년의 교과서(국어, 수학, 과학, 도덕, 사회)에 나오는 한자어의 뜻을 쉽고 정확하게 이해하여 교과 학습능력도 향상될 수 있도록 어린이를 위한 훈민정음으로 교과서 한자어를 편집하였습니다.

1　4학년 교과서의 내용에 사용된 모든 한자어를 철저히 분석하였습니다.

2　국어, 수학, 과학, 도덕, 사회 과목의 순서대로 4학년 1, 2학기의 교과서 내용에 실린 한자어가 중복되지 않도록 배열하여 학교 수업과 직접 연관된 학습 교재가 될 수 있도록 노력하였습니다.

3　각 단원의 한자어마다 낱말을 구성하는 한자의 훈과 음은 물론 어휘의 뜻까지 노래 가사로 구성하여 누구나 노래만 부르면 저절로 외워질 수 있는 아주 특별한 학습방법을 고안하여 집필하였습니다.

4　각각의 한자어마다 단어 구성의 원리를 밝혀서 무조건 외우게 하는 책이 아니라 학생 스스로 쉽게 이해하고 재미있게 활용할 수 있는 스스로 학습법 교재가 될 수 있도록 편집하였습니다.

5　각각의 한자어마다 스스로 학습법을 채택하여 스스로 익힐 수 있도록 하여 생활 한자어 학습서의 기능은 물론이고, 개인 가정교사 역할도 할 수 있도록 편집하였습니다.

6　한자어마다 '암기비법' 방식으로 간단명료하게 한자어의 원리를 터득하고 바로 암기될 수 있는 연상기억 학습법을 도입한 특별한 교재로 편집하였습니다.

7　10개의 한자어를 학습한 후 반복 학습을 통해 자신도 모르는 사이에 저절로 외워질 수 있도록 교과서 한자어를 어린이를 위한 훈민정음으로 편집하였습니다.

8　논술의 기본이 글씨체임을 생각하여 한자어마다 바르고 예쁜 경필 쓰기 칸을 두어 글씨본의 기능도 첨가하였습니다.

교과서 한자어 학습법

한자 공부뿐만 아니라 모든 학습의 기본은 반복 학습이 최고입니다. 특히 인간은 태어나면서부터 반복하는 생활 방식을 익혀야 하는 특징을 지녔습니다.

바로 이 『초등교과서 한자어 [4학년]』 학습서는 각 페이지를 차근차근 넘겨 가면서 반복 학습하다 보면 자신도 모르게 한자 낱말이 저절로 익혀지는 특수 학습법으로 구성되었습니다.

첫째, 각 단원에서 배울 한자어 가사를 4분의 4박자 동요 곡에 붙여 노래 불러봅니다.

둘째, 10개의 한자어 한글 가사를 여러분이 알고 있는 4분의 4박자 동요 곡에 붙여 노래를 불러봅니다. 예) 금강산, 봄비, 뻐꾸기, 초록바다, 썰매, 한글날 노래 등

셋째, 이번에는 한글 가사 부분을 안 보이게 다른 종이로 가리고서 그 아래에 있는 한글과 한자로 섞어 쓴 가사를 다시 잘 보면서 노래를 불러봅니다.

넷째, 한자어를 구성하고 있는 한자의 훈[訓 : 새김]과 음[音 : 한자의 음]을 큰 소리로 여러 차례 읽어봅니다.

다섯째, 학습할 한자어의 [암기비법] 풀이를 큰 소리로 여러 차례 읽어봅니다.

여섯째, 학습할 한자어의 [사전풀이]를 큰 소리로 여러 차례 읽어봅니다.

일곱째, 한자어가 사용된 예문을 읽고서 한자어의 독음을 예쁘게 써봅니다.

여덟째, 한자어가 쓰인 문장을 읽고서 한자어를 예쁘게 경필 글씨를 써봅니다.

아홉째, 한자어 10개를 익힐 때마다 「다시 한번 해 봐요.」쪽에서 1번부터 5번까지 차근차근 따라서 배운 실력을 스스로 확인해 봅니다.

열째, 「초등교과서 한자어 평가 문제」를 스스로 풀어보고 해답을 보면서 자신의 교과서 한자 어휘 실력을 점검해 봅니다.

목 차

Ⅱ. 수학

Ⅴ. 사회

VI. 부록

국어

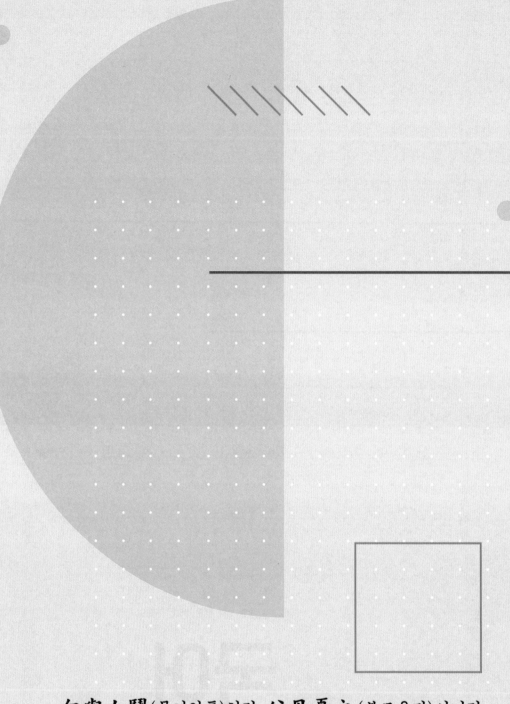

勿與人鬪(물여인투)하라 父母憂之(부모우지)시니라

다른 사람들과 다투지 말라,
부모님께서 그것을 근심하시기 때문이다. 《인성보감》

結果 * 境遇 * 經驗 * 根據 * 基本形
技術 * 對話 * 獨島 * 童子 * 同生

📍 한글로 된 가사를 노래로 부르면 한자어의 뜻이 쉽게 이해돼요.

맺을결에	과실과는	열매맺음	결과이고
지경경에	만날우는	형편사정	경우이며
지낼경에	시험할험	몸소겪음	경험이고
뿌리근에	의거할거	의견근본	근거이며
터기에다	근본본의	모양형은	기본형과
재주기에	꾀술하니	재주와꾀	기술이고
대할대에	말할화는	마주대고	대화이며
홀로독에	섬도이면	홀로섬이	독도이고
아이동에	아들자는	사내아이	동자이며
한가지동	날생으로	나이적은	동생이다

📍 이제는 한자로 쓰인 한자어 가사도 쉽게 읽을 수 있어요~~^^

맺을結에	果實果는	열매맺음	結果이고
地境境에	만날遇는	形便事情	境遇이며
지낼經에	試驗할驗	몸소겪음	經驗이고
뿌리根에	依據할據	意見根本	根據이며
터基에다	根本本의	模樣形은	基本形과
재주技에	꾀術하니	재주와꾀	技術이고
對할對에	말할話는	마주대고	對話이며
홀로獨에	섬島이면	홀로섬이	獨島이고
아이童에	아들子는	사내아이	童子이며
한가지同	날生으로	나이적은	同生이다

結 果 　결과

結 맺을 **결** ＋ 果 과실 **과** ＝ 結果

과실을[果] 맺음[結]이 結果이다.

어떤 원인으로 결말이 생김. 또는 그런 결말의 상태.

❀ 다음 빈칸에 한자어의 독음과 한자를 예쁘게 써 보세요.

結果 ［　　］ / 結 ［　　］ ＋ 果 ［　　］

전교회장 투표 結果는 예상했던 대로였다.

結	果	結	果						

境 遇 　경우

境 지경 **경** ＋ 遇 만날 **우** ＝ 境遇

지경[境]에서 만나는[遇] 것이 境遇이다.

어떤 조건 아래에 놓인 그때의 상황이나 형편.

❀ 다음 빈칸에 한자어의 독음과 한자를 예쁘게 써 보세요.

境遇 ［　　］ / 境 ［　　］ ＋ 遇 ［　　］

살다보면 이런 境遇도 있고 저런 境遇도 있다.

境	遇	境	遇						

經 驗　경험

| 經 | 지날 **경** | + | 驗 | 시험할 **험** | = | 經驗 |

지내보고[經] 시험해보는[驗] 것이 經驗이다.

자신이 실제로 해 보거나 겪어 봄.

❀ 다음 빈칸에 한자어의 독음과 한자를 예쁘게 써 보세요.

| 經驗 | | / | 經 | | + | 驗 | |

언어 습득도 經驗을 통해 이루어지는 경우가 많다.

經	驗	經	驗						

根 據　근거

| 根 | 뿌리 **근** | + | 據 | 의거할 **거** | = | 根據 |

뿌리에[根] 의거하는[據] 것이 根據이다.

어떤 일이나 의논, 의견에 그 근본이 됨.

❀ 다음 빈칸에 한자어의 독음과 한자를 예쁘게 써 보세요.

| 根據 | | / | 根 | | + | 據 | |

신라 때, 장보고는 완도를 根據로 하여 해적을 소탕하였다.

根	據	根	據						

基本形 기본형

基 터 기 + 本 근본 본 + 形 모양 형 = 基本形

(암기비결) 터[基]의 근본[本]이 되는 모양[形]이 基本形이다.

(사전풀이) 기본이 되는 꼴이나 형식.

❀ 다음 빈칸에 한자어의 독음과 한자를 예쁘게 써 보세요.

基本形 [ ] / 基 [ ] + 本 [ ] + 形 [ ]

(독음연습) 이 석등은 팔각을 基本形으로 하여 만들어졌다.

技術 기술

技 재주 기 + 術 꾀 술 = 技術

(암기비결) 재주[技]와 꾀[術]가 技術이다.

(사전풀이) 사물을 잘 다룰 수 있는 방법이나 능력.

❀ 다음 빈칸에 한자어의 독음과 한자를 예쁘게 써 보세요.

技術 [ ] / 技 [ ] + 術 [ ]

(독음연습) 그는 技術을 배워 자립해 보겠다는 의지가 대단한 친구다.

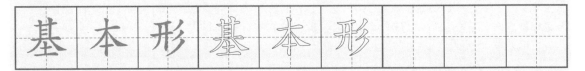

對 話　대화

| 對 | 대할 **대** | + | 話 | 말할 **화** | = | 對話 |

마주 대하여[對] 이야기[話]를 하는 것이 對話이다.

마주 대하여 이야기를 주고받음. 또는 그 이야기.

❀ 다음 빈칸에 한자어의 독음과 한자를 예쁘게 써 보세요.

| 對話 | | / | 對 | | + | 話 | |

가족 간의 對話 단절은 가정 파괴의 중요한 원인이다.

| 對 | 話 | 對 | 話 | | | | | | |

獨 島　독도

| 獨 | 홀로 **독** | + | 島 | 섬 **도** | = | 獨島 |

동해마다 홀로[獨] 섬[島]이 獨島이다.

경상북도 울릉도의 남동쪽 50마일 해상에 있는 화산섬.

❀ 다음 빈칸에 한자어의 독음과 한자를 예쁘게 써 보세요.

| 獨島 | | / | 獨 | | + | 島 | |

獨島는 엄연히 대한민국 소유의 영토이다.

| 獨 | 島 | 獨 | 島 | | | | | | |

童 子　동자

童 아이 동 + 子 아들 자 = 童子

사내[子] 아이[童]가 童子이다.

승려가 되려고 절에서 공부하면서 아직 출가하지 아니한 사내아이.

❀ 다음 빈칸에 한자어의 독음과 한자를 예쁘게 써 보세요.

| 童子 | | / | 童 | | + | 子 | |

절간에서 귀여운 童子를 보았다.

| 童 | 子 | 童 | 子 | | | | | | |

同 生　동생

同 한가지 동 + 生 날 생 = 同生

한[同] 부모에게서 태어나[生] 나이 적은 사람이 同生이다.

같은 부모에게서 태어난 자식 가운데 나이가 적은 사람.

❀ 다음 빈칸에 한자어의 독음과 한자를 예쁘게 써 보세요.

| 同生 | | / | 同 | | + | 生 | |

나는 同生과 함께 라면을 끓여 먹었다.

| 同 | 生 | 同 | 生 | | | | | | |

1. 다음 ☐☐안에 알맞은 한자어를 <보기>에서 찾아 써 보세요.

| 보기 | 技術 獨島 根據 對話 基本形 經驗 童子 境遇 結果 同生 |

맺을 결 에	과 실 과 는	열 매 맺 음		이 고
지 경 경 에	만 날 우 는	형 편 사 정		이 며
지 낼 경 에	시 험 할 험	몸 소 겪 음		이 고
뿌 리 근 에	의 거 할 거	의 견 근 본		이 며
터 기 에 다	근 본 본 의	모 양 형 은		과
재 주 기 에	꾀 술 하 니	재 주 와 꾀		이 고
대 할 대 에	말 할 화 는	마 주 대 고		이 며
홀 로 독 에	섬 도 이 면	홀 로 섬 이		이 고
아 이 동 에	아 들 자 는	사 내 아 이		이 며
한 가 지 동	날 생 으 로	나 이 적 은		이 다

2. 다음 한자어의 뜻을 써 보세요.

① 結果 [   ]

② 境遇 [   ]

③ 經驗 [   ]

④ 根據 [   ]

⑤ 基本形 [   ]

⑥ 技術 [   ]

⑦ 對話 [   ]

⑧ 獨島 [   ]

⑨ 童子 [   ]

⑩ 同生 [   ]

3. 다음 한자어의 독음을 쓰고, 한자를 예쁘게 써 보세요.

①	結果		結	果	結	果		
②	境遇		境	遇	境	遇		
③	經驗		經	驗	經	驗		
④	根據		根	據	根	據		
⑤	基本形		基	本	形	基	本	形
⑥	技術		技	術	技	術		
⑦	對話		對	話	對	話		
⑧	獨島		獨	島	獨	島		
⑨	童子		童	子	童	子		
⑩	同生		同	生	同	生		

4. 다음 한자어에 독음과 알맞은 뜻을 바르게 연결하세요.

① 經驗	•	• 근거	•	• 마주 대하여 이야기를 주고받음.
② 技術	•	• 경우	•	• 사물을 잘 다룰 수 있는 방법이나 능력.
③ 對話	•	• 경험	•	• 어떤 일이나 의논, 의견에 그 근본이 됨.
④ 根據	•	• 기술	•	• 사리나 도리.
⑤ 境遇	•	• 대화	•	• 자신이 실제로 해 보거나 겪어 봄.

萬年 ＊ 目標 ＊ 發表 ＊ 方言 ＊ 方向
奉仕 ＊ 分量 ＊ 秘密 ＊ 飛行機 ＊ 事件

📍 한글로 된 가사를 노래로 부르면 한자어의 뜻이 쉽게 이해돼요.

일 만 만 에	해 년 하 면	오 랜 세 월	만 년 이 고
눈 목 에 다	우 듬 지 표	어 떤 목 적	목 표 이 며
어 떤 사 실	알 리 는 것	필 발 걸 표	발 표 이 고
모 방 에 다	말 씀 언 은	지 역 의 말	방 언 이 며
모 방 에 다	향 할 향 은	방 위 향 한	방 향 이 고
받 들 봉 에	벼 슬 할 사	남 을 위 한	봉 사 이 며
나 눌 분 에	헤 아 릴 량	나 눈 정 도	분 량 이 고
숨 길 비 에	빽 빽 할 밀	숨 기 는 일	비 밀 이 며
날 비 갈 행	베 틀 기 는	공 중 나 는	비 행 기 고
일 사 에 다	사 건 건 은	뜻 밖 의 일	사 건 이 다

📍 이제는 한자로 쓰인 한자어 가사도 쉽게 읽을 수 있어요~~^^

一 萬 萬 에	해 年 하 면	오 랜 歲 月	萬 年 이 고
눈 目 에 다	우 듬 지 標	어 떤 目 的	目 標 이 며
어 떤 事 實	알 리 는 것	필 發 걸 表	發 表 이 고
모 方 에 다	말 씀 言 은	地 域 의 말	方 言 이 며
모 方 에 다	向 할 向 은	方 位 向 한	方 向 이 고
받 들 奉 에	벼 슬 할 仕	남 을 爲 한	奉 仕 이 며
나 눌 分 에	헤 아 릴 量	나 눈 程 度	分 量 이 고
숨 길 秘 에	빽 빽 할 密	숨 기 는 일	秘 密 이 며
날 飛 갈 行	베 틀 機 는	空 中 나 는	飛 行 機 고
일 事 에 다	事 件 件 은	뜻 밖 의 일	事 件 이 다

萬 年 만년

萬 일만 **만** + 年 해 **년** = 萬年

일만[萬] 번의 해[年]가 萬年이다.

오랜 세월.

❀ 다음 빈칸에 한자어의 독음과 한자를 예쁘게 써 보세요.

| 萬年 | | / | 萬 | | + | 年 | |

김형! 그렇게 게으름을 피우다가는 萬年 평사원에 머무를 것이네.

| 萬 | 年 | 萬 | 年 | | | | | | |

目 標 목표

目 눈 **목** + 標 우듬지 **표** = 目標

목적[目]한 바를 표시[標]해 놓은 것이 目標이다.

어떤 목적을 이루려고 지향하는 실제적 대상으로 삼음.

❀ 다음 빈칸에 한자어의 독음과 한자를 예쁘게 써 보세요.

| 目標 | | / | 目 | | + | 標 | |

나의 目標는 훌륭한 의사가 되는 것이다.

| 目 | 標 | 目 | 標 | | | | | | |

發 表 발표

發 필 **발** + 表 겉 **표** = 發表

겉으로[表] 드러나게[發] 하는 것이 發表이다.

어떤 사실이나 결과, 작품 따위를 세상에 널리 드러내어 알림.

❀ 다음 빈칸에 한자어의 독음과 한자를 예쁘게 써 보세요.

發表 [　] / 發 [　] + 表 [　]

오늘은 대학 합격자 **發表**를 하는 날이다.

發	表	發	表						

方 言 방언

方 모 **방** + 言 말씀 **언** = 方言

지방[方]에서 사용하는 말[言]이 方言이다.

한 언어에서, 사용 지역, 사회 계층에 따라 분화된 말의 체계.

❀ 다음 빈칸에 한자어의 독음과 한자를 예쁘게 써 보세요.

方言 [　] / 方 [　] + 言 [　]

우리들은 **方言**을 조사하기 위하여 현지답사를 떠났다.

方	言	方	言						

方 向 방향

方 모 **방** + 向 향할 **향** = 方向

어떤 방위[方]를 향한[向] 쪽이 方向이다.

어떤 방위를 향한 쪽.

❀ 다음 빈칸에 한자어의 독음과 한자를 예쁘게 써 보세요.

方向 [　] / 方 [　] + 向 [　]

시계 반대 方向으로 10바퀴 돌고 모여라.

方	向	方	向						

奉 仕 봉사

奉 받들 **봉** + 仕 벼슬할 **사** = 奉仕

벼슬을[仕] 할수록 백성을 받드는[奉] 것이 奉仕이다.

국가나 사회 또는 남을 위해 헌신적으로 일함.

❀ 다음 빈칸에 한자어의 독음과 한자를 예쁘게 써 보세요.

奉仕 [　] / 奉 [　] + 仕 [　]

대가를 바라고 하는 奉仕는 진정한 奉仕가 아니다.

奉	仕	奉	仕						

分 量 **분량**

分 나눌 분 + 量 헤아릴 량 = 分量

나누어[分] 놓은 양[量]이 分量이다.

수효, 무게 따위의 많고 적음이나 부피의 크고 작은 정도.

❀ 다음 빈칸에 한자어의 독음과 한자를 예쁘게 써 보세요.

分量 [ ] / 分 [ ] + 量 [ ]

이 일은 分量이 너무 많아 오늘 중으로 끝낼 수 가 없을 것 같다.

分	量	分	量						

秘 密 **비밀**

秘 숨길 비 + 密 빽빽할 밀 = 秘密

빽빽한[密] 곳에 숨기는[秘] 것이 秘密이다.

숨기어 남에게 드러내거나 알리지 말아야 할 일.

❀ 다음 빈칸에 한자어의 독음과 한자를 예쁘게 써 보세요.

秘密 [ ] / 秘 [ ] + 密 [ ]

신용카드의 秘密번호는 절대로 남이 알지 못하게 하여야 한다.

秘	密	秘	密						

飛行機 비행기

飛 날 비 + 行 갈 행 + 機 베틀 기 = 飛行機

날아[飛] 가는[行] 틀[機]이 飛行機이다.

동력으로 프로펠러를 돌리거나 연소 가스의 분사로 하늘을 나는 기계.

❀ 다음 빈칸에 한자어의 독음과 한자를 예쁘게 써 보세요.

飛行機 [　] / 飛 [　] + 行 [　] + 機 [　]

나는 아직까지 한 번도 飛行機를 타본 적이 없다.

飛	行	機	飛	行	機				

事 件 사건

事 일 사 + 件 사건 건 = 事件

일[事]의 사건[件]이 事件이다.

사회적으로 문제를 일으키거나 주목을 받을 만한 뜻밖의 일.

❀ 다음 빈칸에 한자어의 독음과 한자를 예쁘게 써 보세요.

事件 [　] / 事 [　] + 件 [　]

인물, 事件, 배경은 소설을 구성하는 3요소이다.

事	件	事	件						

1. 다음 ☐☐안에 알맞은 한자어를 <보기>에서 찾아 써 보세요.

| 보기 | 秘密 目標 發表 方言 分量 飛行機 萬年 奉仕 事件 方向 |

일 만 만 에	해 년 하 면	오 랜 세 월		이 고
눈 목 에 다	우 듬 지 표	어 떤 목 적		이 며
어 떤 사 실	알 리 는 것	필 발 겉 표		이 고
모 방 에 다	말 씀 언 은	지 역 의 말		이 니
모 방 에 다	향 할 향 은	방 위 향 한		이 고
받 들 봉 에	벼 슬 할 사	남 을 위 한		이 며
나 눌 분 에	헤 아 릴 량	나 눈 정 도		이 고
숨 길 비 에	빽 빽 할 밀	숨 기 는 일		이 며
날 비 갈 행	베 틀 기 는	공 중 나 는		고
일 사 에 다	사 건 건 은	뜻 밖 의 일		이 다

2. 다음 한자어의 뜻을 써 보세요.

① 萬年 ⬜ ⑥ 奉仕 ⬜

② 目標 ⬜ ⑦ 分量 ⬜

③ 發表 ⬜ ⑧ 秘密 ⬜

④ 方言 ⬜ ⑨ 飛行機 ⬜

⑤ 方向 ⬜ ⑩ 事件 ⬜

3. 다음 한자어의 독음을 쓰고, 한자를 예쁘게 써 보세요.

①	萬年		萬	年	萬	年	
②	目標		目	標	目	標	
③	發表		發	表	發	表	
④	方言		方	言	方	言	
⑤	方向		方	向	方	向	
⑥	奉仕		奉	仕	奉	仕	
⑦	分量		分	量	分	量	
⑧	秘密		秘	密	秘	密	
⑨	飛行機		飛	行	機	飛	行	機
⑩	事件		事	件	事	件	

4. 다음 한자어에 독음과 알맞은 뜻을 바르게 연결하세요.

① 奉仕 · · 방향 · 숨기어 남에게 드러내거나 알리지 말아야 할 일.

② 方向 · · 봉사 · 국가나 사회 또는 남을 위해 헌신적으로 일함.

③ 發表 · · 비밀 · 어떤 방위를 향한 쪽.

④ 目標 · · 목표 · 어떤 사실이나 결과, 작품 따위를 세상에 널리 드러내어 알림.

⑤ 秘密 · · 발표 · 어떤 목적을 이루려고 지향하는 실제적 대상으로 삼음.

沙果 ＊ 狀況 ＊ 生辰 ＊ 生日 ＊ 先生
成功 ＊ 世宗 ＊ 手巾 ＊ 水剌床 ＊ 數量

📍 한글로 된 가사를 노래로 부르면 한자어의 뜻이 쉽게 이해돼요.

모 래 사 에	과 일 과 는	사 과 나 무	사 과 이 고
형 상 상 에	하 물 며 황	처 한 형 편	상 황 이 며
생 일 높 여	이 르 는 말	날 생 때 신	생 신 이 고
태 어 난 날	기 념 그 날	날 생 날 일	생 일 이 며
먼 저 선 에	살 생 하 면	가 르 치 는	선 생 이 고
이 룰 성 에	공 공 하 면	뜻 을 이 룸	성 공 이 며
세 상 세 에	마 루 종 은	조 선 의 왕	세 종 이 고
손 수 에 다	수 건 건 은	몸 닦 는 천	수 건 이 며
물 수 하 고	수 라 라 의	상 상 하 니	수 자 상 이
샘 수 하 고	헤 아 릴 량	수 효 분 량	수 량 이 다

📍 이제는 한자로 쓰인 한자어 가사도 쉽게 읽을 수 있어요~~^^

모 래 沙 에	과 일 果 는	沙 果 나 무	沙 果 이 고
形 象 狀 에	하 물 며 況	處 한 形 便	狀 況 이 며
生 日 높 여	이 르 는 말	날 生 때 辰	生 辰 이 고
태 어 난 날	紀 念 그 날	날 生 날 日	生 日 이 며
먼 저 先 에	살 生 하 면	가 르 치 는	先 生 이 고
이 룰 成 에	功 功 하 면	뜻 을 이 룸	成 功 이 며
世 上 世 에	마 루 宗 은	朝 鮮 의 王	世 宗 이 고
손 手 에 다	手 巾 巾 은	몸 닦 는 천	手 巾 이 며
물 水 하 고	水 剌 剌 의	床 床 하 니	水 剌 床 이
샘 數 하 고	헤 아 릴 量	數 爻 分 量	數 量 이 다

沙果　사과

沙 모래 사 + 果 과일 과 = 沙果

모래[沙]같이 바삭바삭 한 과일[果]이 沙果이다.

사과나무의 열매.

❀ 다음 빈칸에 한자어의 독음과 한자를 예쁘게 써 보세요.

| 沙果 | | / | 沙 | | + | 果 | |

沙果는 붉고 윤이 나야 맛이 있다.

| 沙 | 果 | 沙 | 果 | | | | | | |

狀況　상황

狀 형상 상 + 況 하물며 황 = 狀況

형상[狀]이 되어 가는[況] 것이 狀況이다.

일이 되어 가는 과정이나 형편.

❀ 다음 빈칸에 한자어의 독음과 한자를 예쁘게 써 보세요.

| 狀況 | | / | 狀 | | + | 況 | |

그는 狀況이 심각한데도 아랑곳하지 않고 태평히 먹고 잤다.

| 狀 | 況 | 狀 | 況 | | | | | |

生 辰　생신

生　날 생　+　辰　때 신　=　生辰

🔵 태어난[生] 때[辰]가 生辰이다.

🔴 '생일'을 높여 이르는 말.

❀ 다음 빈칸에 한자어의 독음과 한자를 예쁘게 써 보세요.

生辰 〔　〕　/　生 〔　〕　+　辰 〔　〕

🔵 외할머니의 生辰이 바로 내일이다.

生	辰	生	辰					

生 日　생일

生　날 생　+　日　날 일　=　生日

🔵 태어난[生] 날[日]이 生日이다.

🔴 세상에 태어난 날. 또는 태어난 날을 기념하는 해마다의 그날.

❀ 다음 빈칸에 한자어의 독음과 한자를 예쁘게 써 보세요.

生日 〔　〕　/　生 〔　〕　+　日 〔　〕

🔵 어제는 내 生日이었는데 아무도 기억해 주지 않았다.

生	日	生	日					

先 生　선생

先 먼저 선 ＋ 生 날 생 ＝ 先生

먼저[先] 태어나[生] 가르치는 사람이 先生이다.

학생을 가르치는 사람.

❀ 다음 빈칸에 한자어의 독음과 한자를 예쁘게 써 보세요.

先生　□　/　先　□　＋　生　□

삼촌은 중학교 미술 先生입니다.

先	生	先	生					

成 功　성공

成 이룰 성 ＋ 功 공 공 ＝ 成功

이루어낸[成] 공[功]이 成功이다.

뜻한 것이 이루어짐.

❀ 다음 빈칸에 한자어의 독음과 한자를 예쁘게 써 보세요.

成功　□　/　成　□　＋　功　□

실패는 成功의 어머니이다.

成	功	成	功					

世宗 세종

世 세상 세 + 宗 마루 종 = 世宗

이 세상[世]의 으뜸[宗]된 임금이 世宗이다.

조선 제4대 왕(1397~1450). 이름은 도(祹).

❀ 다음 빈칸에 한자어의 독음과 한자를 예쁘게 써 보세요.

世宗 [　] / 世 [　] + 宗 [　]

한글 창제는 世宗의 가장 위대한 업적이다.

世	宗	世	宗					

手巾 수건

手 손 수 + 巾 수건 건 = 手巾

손[手]바닥만 한 수건[巾]이 手巾이다.

얼굴이나 몸을 닦기 위하여 만든 천 조각.

❀ 다음 빈칸에 한자어의 독음과 한자를 예쁘게 써 보세요.

手巾 [　] / 手 [　] + 巾 [　]

나는 연신 手巾으로 이마의 땀을 닦았다.

手	巾	手	巾					

水刺床 수라상

水 물 수 + 刺 수라 라 + 床 상 상 = 水刺床

임금에게 수라[水刺]를 올리는 상[床]이 水刺床이다.

임금에게 올리는 진지 상(床).

❀ 다음 빈칸에 한자어의 독음과 한자를 예쁘게 써 보세요.

水刺床 [　] / 水 [　] + 刺 [　] + 床 [　]

왕은 잘 익은 참외를 水刺床에 올리라고 하명하셨다.

| 水 | 刺 | 床 | 水 | 刺 | 床 | | | |

數 量 수량

數 셈 수 + 量 헤아릴 량 = 數量

수효[數]와 분량[量]이 數量이다.

수효와 분량을 아울러 이르는 말.

❀ 다음 빈칸에 한자어의 독음과 한자를 예쁘게 써 보세요.

數量 [　] / 數 [　] + 量 [　]

數量이 부족한 것을 보충할 방법에 대해 의논하였다.

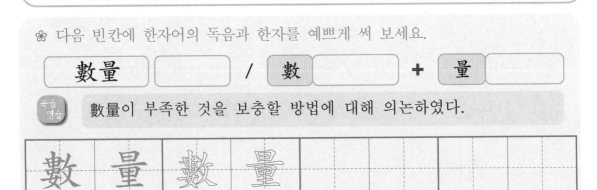

| 數 | 量 | 數 | 量 | | | | | |

1. 다음 ☐☐안에 알맞은 한자어를 <보기>에서 찾아 써 보세요.

보기	世宗 生辰 成功 手巾 狀況 沙果 水刺床 先生 數量 生日

모 래 사 에	과 일 과 는	사 과 나 무		이 고
형 상 상 에	하 물 며 황	처 한 형 편		이 며
생 일 높 여	이 르 는 말	날 생 때 신		이 고
태 어 난 날	기 념 그 날	살 생 날 일		이 니
먼 저 선 에	날 생 하 면	가 르 치 는		이 고
이 룰 성 에	공 공 하 면	뜻 을 이 룸		이 며
세 상 세 에	마 루 종 은	조 선 의 왕		이 고
손 수 에 다	수 건 건 은	몸 닦 는 천		이 며
물 수 하 고	수 라 라 의	상 상 하 니		이
셈 수 하 고	헤 아 릴 량	수 효 분 량		이 다

2. 다음 한자어의 뜻을 써 보세요.

① 沙果 _____

② 狀況 _____

③ 生辰 _____

④ 生日 _____

⑤ 先生 _____

⑥ 成功 _____

⑦ 世宗 _____

⑧ 手巾 _____

⑨ 水刺床 _____

⑩ 數量 _____

▶▶

3. 다음 한자어의 독음을 쓰고, 한자를 예쁘게 써 보세요.

	한자어	독음	쓰기					
①	沙果		沙	果	沙	果		
②	狀況		狀	況	狀	況		
③	生辰		生	辰	生	辰		
④	生日		生	日	生	日		
⑤	先生		先	生	先	生		
⑥	成功		成	功	成	功		
⑦	世宗		世	宗	世	宗		
⑧	手巾		手	巾	手	巾		
⑨	水刺床		水	刺	床	水	刺	床
⑩	數量		數	量	數	量		

4. 다음 한자어에 독음과 알맞은 뜻을 바르게 연결하세요.

① 生辰 • • 상황 • • 수효와 분량을 아울러 이르는 말.

② 狀況 • • 수량 • • 뜻한 것이 이루어짐.

③ 數量 • • 성공 • • 학생을 가르치는 사람.

④ 成功 • • 선생 • • '생일'을 높여 이르는 말.

⑤ 先生 • • 생신 • • 일이 되어가는 과정이나 형편.

授業 * 瞬間 * 時計 * 市場 * 食糧
神奇 * 信號燈 * 安寧 * 安全 * 役割劇

한글로 된 가사를 노래로 부르면 한자어의 뜻이 쉽게 이해돼요.

학 생 에 게	가 르 쳐 줌	줄 수 업 업	수 업 이 고
깜 짝 일 순	사 이 간 은	잠 깐 동 안	순 간 이 며
시 간 시 각	기 계 장 치	때 시 셀 계	시 계 이 고
저 자 시 에	마 당 장 은	장 이 서 는	시 장 이 며
먹 을 식 에	양 식 양 은	먹 을 양 식	식 량 이 고
신 신 에 다	기 이 할 기	색 다 르 다	신 기 하 며
믿 을 신 에	이 름 호 에	등 잔 등 은	신 호 등 과
편 안 할 안	편 안 할 녕	걱 정 없 다	안 녕 이 고
편 안 할 안	온 전 할 전	편 안 온 전	안 전 이 며
부 릴 역 과	나 눌 할 의	연 극 극 은	이 역 할 극

이제는 한자로 쓰인 한자어 가사도 쉽게 읽을 수 있어요~~^^

學 生 에 게	가 르 쳐 줌	줄 授 業 業	授 業 이 고
깜 짝 일 舜	사 이 間 은	잠 깐 동 안	瞬 間 이 며
時 間 時 刻	機 械 裝 置	때 時 셀 計	時 計 이 고
저 자 市 에	마 당 場 은	場 이 서 는	市 場 이 며
먹 을 食 에	糧 食 糧 은	먹 을 糧 食	食 糧 이 고
神 神 에 다	奇 異 할 奇	色 다 르 다	神 奇 하 며
믿 을 信 에	이 름 號 에	燈 盞 燈 은	信 號 燈 과
便 安 할 安	便 安 할 寧	걱 정 없 다	安 寧 이 고
便 安 할 安	穩 全 할 全	便 安 穩 全	安 全 이 며
부 릴 役 과	나 눌 割 의	演 劇 劇 은	이 役 割 劇

授 業 수업

授 줄 수 + 業 업 업 = 受業

암기비법 학업[業]을 가르쳐 주는[授] 것이 受業이다.

사전풀이 교사가 학생에게 지식이나 기능을 가르쳐 줌.

❀ 다음 빈칸에 한자어의 독음과 한자를 예쁘게 써 보세요.

授業		/	授		+	業	

독음연습 김 선생님은 4학년 작문 授業을 하였다.

授	業	授	業						

瞬 間 순간

瞬 깜짝일 순 + 間 사이 간 = 瞬間

암기비법 깜짝이는[瞬] 사이[間]가 瞬間이다.

사전풀이 아주 짧은 동안.

❀ 다음 빈칸에 한자어의 독음과 한자를 예쁘게 써 보세요.

瞬間		/	瞬		+	間	

독음연습 우리 대표 팀은 결정적인 瞬間에 실수를 연발했다.

瞬	間	瞬	間						

時 計　시계

時 때 **시** ＋ 計 셀 **계** ＝ 時計

때[時]를 셈하여[計] 재는 기계가 時計이다.

시각을 나타내거나 시간을 재는 기계를 통틀어 이르는 말.

❀ 다음 빈칸에 한자어의 독음과 한자를 예쁘게 써 보세요.

時計 [　　] / 時 [　　] ＋ 計 [　　]

나는 중학교 입학 선물로 손목時計를 받았다.

時	計	時	計						

市 場　시장

市 저자 **시** ＋ 場 마당 **장** ＝ 市場

저자[市]가 있는 장소[場]가 市場이다.

여러 가지 상품을 사고파는 일정한 장소.

❀ 다음 빈칸에 한자어의 독음과 한자를 예쁘게 써 보세요.

市場 [　　] / 市 [　　] ＋ 場 [　　]

어머니와 함께 전통 市場에 다녀왔다.

市	場	市	場						

食 糧　식량

食 먹을 식 ＋ 糧 양식 량 ＝ 食糧

먹을[食] 양식[糧]이 食糧이다.

먹을 양식.

❀ 다음 빈칸에 한자어의 독음과 한자를 예쁘게 써 보세요.

食糧 ☐ / 食 ☐ ＋ 糧 ☐

올해는 풍년이 들어서 食糧이 남아돈다.

食	糧	食	糧						

神 奇　신기

神 신 신 ＋ 奇 기이할 기 ＝ 神奇

신[神]같이 기이한[奇] 것이 神奇이다.

믿을 수 없을 정도로 색다르고 놀랍다.

❀ 다음 빈칸에 한자어의 독음과 한자를 예쁘게 써 보세요.

神奇 ☐ / 神 ☐ ＋ 奇 ☐

오늘은 국어 시간에 '新奇한 사과나무'에 대해 배웠다.

神	奇	神	奇						

信號燈 신호등

信 믿을 신 + 號 이름 호 + 燈 등잔 등 = 信號燈

신호[信號]를 알리는 등[燈]이 信號燈이다.

신호를 알리는 등.

❀ 다음 빈칸에 한자어의 독음과 한자를 예쁘게 써 보세요.

信號燈 [ ] / 信 [ ] + 號 [ ] + 燈 [ ]

운전자는 반드시 信號燈을 지켜야 한다.

信	號	燈	信	號	燈				

安寧 안녕

安 편안할 안 + 寧 편안할 녕 = 安寧

편안하고[安] 편안한[寧] 것이 安寧이다.

아무 탈 없이 편안함.

❀ 다음 빈칸에 한자어의 독음과 한자를 예쁘게 써 보세요.

安寧 [ ] / 安 [ ] + 寧 [ ]

아버지, 安寧히 주무셨습니까?

安	寧	安	寧				

安 全　안전

安 편안할 **안** + 全 온전할 **전** = 安全

편안하고[安] 온전한[全] 것이 安全이다.

위험이 생기거나 사고가 날 염려가 없음.

❀ 다음 빈칸에 한자어의 독음과 한자를 예쁘게 써 보세요.

| 安全 | | / | 安 | | + | 全 | |

安全벨트는 생명벨트입니다.

| 安 | 全 | 安 | 全 | | | | |

役割劇　역할극

役 부릴 **역** + 割 나눌 **할** + 劇 연극 **극** = 役割劇

서로의 역할[役割]을 담당하여 하는 연극[劇]이 役割劇이다.

참여자가 주어진 상황에서 특정 역할을 담당하여 연기하는 극.

❀ 다음 빈칸에 한자어의 독음과 한자를 예쁘게 써 보세요.

| 役割劇 | | / | 役 | | + | 割 | | + | 劇 | |

役割劇을 통해서 서로의 고충을 이해할 수 있었다.

| 役 | 割 | 劇 | 役 | 割 | 劇 | | | |

1. 다음 □□안에 알맞은 한자어를 <보기>에서 찾아 써 보세요.

보기	新奇 安全 瞬間 信號燈 市場 食糧 授業 安寧 役割劇 時計

학 생 에 게	가 르 쳐 줌	줄 수 업 업		이 고
깜 짝 일 순	사 이 간 은	잠 깐 동 안		이 며
시 간 시 각	기 계 장 치	때 시 셀 계		이 고
저 자 시 에	마 당 장 은	장 이 서 는		이 며
먹 을 식 에	양 식 양 은	먹 을 양 식		이 다
신 신 에 다	기 이 할 기	색 다 르 다		하 며
믿 을 신 에	이 름 호 에	등 잔 등 은		과
편 안 할 안	편 안 할 녕	걱 정 없 다		이 고
편 안 할 안	온 전 할 전	편 안 온 전		이 며
부 릴 역 과	나 눌 할 의	연 극 극 은	이	

2. 다음 한자어의 뜻을 써 보세요.

① 授業 _____

② 瞬間 _____

③ 時計 _____

④ 市場 _____

⑤ 食量 _____

⑥ 神奇 _____

⑦ 信號燈 _____

⑧ 安寧 _____

⑨ 安全 _____

⑩ 役割劇 _____

3. 다음 한자어의 독음을 쓰고, 한자를 예쁘게 써 보세요.

①	授業		授	業	授	業		
②	瞬間		瞬	間	瞬	間		
③	時計		時	計	時	計		
④	市場		市	場	市	場		
⑤	食糧		食	糧	食	糧		
⑥	神奇		神	奇	神	奇		
⑦	信號燈		信	號	燈	信	號	燈
⑧	安寧		安	寧	安	寧		
⑨	安全		安	全	安	全		
⑩	役割劇		役	割	劇	役	割	劇

4. 다음 한자어에 독음과 알맞은 뜻을 바르게 연결하세요.

① 市場 •   • 안녕 •   • 위험이 생기거나 사고가 날 염려가 없음.

② 安全 •   • 안전 •   • 아무 탈 없이 편안함.

③ 安寧 •   • 시장 •   • 아주 짧은 동안.

④ 瞬間 •   • 수업 •   • 교사가 학생에게 기술이나 지식을 가르쳐 줌.

⑤ 授業 •   • 순간 •   • 도회지에 날마다 서는 물건을 사고파는 곳.

連結 * 研究家 * 研究員 * 映像 * 映畫
豫報 * 完全 * 外國 * 雨傘 * 運動

📍 한글로 된 가사를 노래로 부르면 한자어의 뜻이 쉽게 이해돼요.

이을 련 에	맺을 결 은	서로 이음	연 결 이고
갈 연 하여	궁 구 할 구	집 가 이니	연 구 가 며
갈 연 하여	궁 구 할 구	사 람 원 의	연 구 원 이
비출 영 에	형 상 상 은	물 체 의 상	영 상 이며
비출 영 에	그 림 화 는	화 면 보는	영 화 이고
미 리 예 에	알릴 보 는	미 리 알림	예 보 이며
완 전 할 완	온 전 할 전	흠 이 없음	완 전 이고
밖 외 있는	나 라 국 은	다 른 나 라	외 국 이며
비 우 하고	우 산 산 은	비 를 막는	우 산 이고
움 직 일 운	움 직 일 동	건 강 단 련	운 동 이다

📍 이제는 한자로 쓰인 한자어 가사도 쉽게 읽을 수 있어요~~^^

이을 連 에	맺을 結 은	서 로 이음	連 結 이 고
갈 研 하 여	窮 究 할 究	집 家 이 니	研 究 家 며
갈 研 하 여	窮 究 할 究	사 람 員 의	研 究 員 이
비 출 映 에	形 像 像 은	物 體 의 像	映 像 이 며
비 출 映 에	그 림 畫 는	畫 面 보는	映 畫 이 고
미 리 豫 에	알 릴 報 는	미 리 알 림	豫 報 이 며
完 全 할 完	穩 全 할 全	欠 이 없음	完 全 이 고
밖 外 있 는	나 라 國 은	다 른 나 라	外 國 이 며
비 雨 하 고	雨 傘 傘 은	비 를 막 는	雨 傘 이 고
움 직 일 運	움 직 일 動	健 康 鍛 鍊	運 動 이 다

連結　연결

連 이을 **련** + 結 맺을 **결** = 連結

이어서[連] 맺음[結]이 連結이다.

사물과 사물 또는 현상과 현상이 서로 이어지거나 관계를 맺음.

❀ 다음 빈칸에 한자어의 독음과 한자를 예쁘게 써 보세요.

連結 [　] / 連 [　] + 結 [　]

다음의 한자어에 맞는 독음을 連結해 보세요.

連	結	連	結				

研究家　연구가

研 갈 **연** + 究 궁구할 **구** + 家 집 **가** = 研究家

연구[研究]를 전문으로 하는 사람[家]이 研究家이다.

연구를 전문으로 하는 사람.

❀ 다음 빈칸에 한자어의 독음과 한자를 예쁘게 써 보세요.

研究家 [　] / 研 [　] + 究 [　] + 家 [　]

삼촌은 생약 研究家로 텔레비전에 자주 출연한다.

研	究	家	研	究	家			

研究員 연구원

[研] 갈 **연** + [究] 궁구할 **구** + [員] 사람 **원** = 研究員

연구[研究]에 종사하는 사람[員]이 研究員이다.

연구에 종사하는 사람.

❀ 다음 빈칸에 한자어의 독음과 한자를 예쁘게 써 보세요.

研究員 [　　　] / 研 [　　] + 究 [　　] + 員 [　　]

아버지께서는 미생물 연구소 研究員으로 일하고 계십니다.

研	究	員	研	究	員			

映像 영상

[映] 비칠 **영** + [像] 형상 **상** = 映像

빛의 굴절에 의해 비추어진[映] 형상[像]이 映像이다.

빛의 굴절이나 반사 등에 의하여 이루어진 물체의 상(像).

❀ 다음 빈칸에 한자어의 독음과 한자를 예쁘게 써 보세요.

映像 [　　] / 映 [　　] + 像 [　　]

거울에 비친 映像을 관찰하는 수업을 하였다.

映	像	映	像					

映 畫 영화

映 비칠 영 + 畫 그림 화 = 映畫

비추는[映] 것이 그림[畫]이 映畫이다.

일정한 의미를 갖고 움직이는 대상을 촬영하여 영사기로 영사막에 재현하는 종합 예술.

❀ 다음 빈칸에 한자어의 독음과 한자를 예쁘게 써 보세요.

映畫 [　] / 映 [　] + 畫 [　]

다음 주 토요일 친구와 映畫를 보기로 약속하였다.

映	畫	映	畫				

豫 報 예보

豫 미리 예 + 報 알릴 보 = 豫報

미리[豫] 알려주는[報] 것이 豫報이다.

앞으로 일어날 일을 미리 알림.

❀ 다음 빈칸에 한자어의 독음과 한자를 예쁘게 써 보세요.

豫報 [　] / 豫 [　] + 報 [　]

소낙비가 온다는 일기 豫報를 보고 우산을 챙겼다.

豫	報	豫	報				

完 全　완전

完 완전할 **완** + 全 온전할 **전** = 完全

완전하고[完] 온전한[全] 것이 完全이다.

필요한 것이 모두 갖추어져 모자람이나 흠이 없음.

❀ 다음 빈칸에 한자어의 독음과 한자를 예쁘게 써 보세요.

完全 [　] / 完 [　] + 全 [　]

이모는 승용차 뒤에 '完全초보니 봐 주세요~'라고 써 붙였다.

完	全	完	全						

外 國　외국

外 밖 **외** + 國 나라 **국** = 外國

우리나라 밖[外]에 있는 나라[國]가 外國이다.

자기 나라가 아닌 다른 나라.

❀ 다음 빈칸에 한자어의 독음과 한자를 예쁘게 써 보세요.

外國 [　] / 外 [　] + 國 [　]

누구나 外國에 나가 보면 애국자가 된다는 말이 있다.

外	國	外	國					

雨 傘 우산

雨 비 우 + 傘 우산 산 = 雨傘

(암기비법) 비[雨]가 올 때 쓰는[傘] 것이 雨傘이다.

(사전풀이) 우비의 하나. 펴고 접을 수 있어 손에 들고 머리 위를 가린다.

❀ 다음 빈칸에 한자어의 독음과 한자를 예쁘게 써 보세요.

| 雨傘 | | / | 雨 | | + | 傘 | |

(독음연습) 형형색색의 雨傘이 거리를 가득 메웠다.

雨	傘	雨	傘					

運 動 운동

運 움직일 운 + 動 움직일 동 = 運動

(암기비법) 움직이고[運] 움직이는[動] 것이 運動이다.

(사전풀이) 사람이 몸을 단련하거나 건강을 위하여 몸을 움직이는 일.

❀ 다음 빈칸에 한자어의 독음과 한자를 예쁘게 써 보세요.

| 運動 | | / | 運 | | + | 動 | |

(독음연습) 나는 아침마다 꾸준히 運動을 하고 있다.

運	動	運	動					

다시 한번 해 봐요 01

1. 다음 ☐☐안에 알맞은 한자어를 <보기>에서 찾아 써 보세요.

連結 研究家 豫報 完全 外國 映像 雨傘 映畵 運動 研究員

이 을 련 에	맺 을 결 은	서 로 이 음		이 고
갈 연 하 여	궁 구 할 구	집 가 이 니		며
갈 연 하 여	궁 구 할 구	사 람 원 의		이
비 출 영 에	형 상 상 은	물 체 의 상		이 며
비 출 영 에	그 림 화 는	화 면 보 는		이 고
미 리 예 에	알 릴 보 는	미 리 알 림		이 며
완 전 할 완	온 전 할 전	흠 이 없 음		이 고
밖 외 있 는	나 라 국 은	다 른 나 라		이 며
비 우 하 고	우 산 산 은	비 를 막 는		이 고
움 직 일 운	움 직 일 동	건 강 단 련		이 다

2. 다음 한자어의 뜻을 써 보세요.

① 連結 ☐

② 研究家 ☐

③ 研究員 ☐

④ 映像 ☐

⑤ 映畵 ☐

⑥ 豫報 ☐

⑦ 完全 ☐

⑧ 外國 ☐

⑨ 雨傘 ☐

⑩ 運動 ☐

3. 다음 한자어의 독음을 쓰고, 한자를 예쁘게 써 보세요.

①	連結		連	結	連	結			
②	研究家		研	究	家	研	究	家
③	研究員		研	究	員	研	究	員
④	映像		映	像	映	像			
⑤	映畫		映	畫	映	畫			
⑥	豫報		豫	報	豫	報			
⑦	完全		完	全	完	全			
⑧	外國		外	國	外	國			
⑨	雨傘		雨	傘	雨	傘			
⑩	運動		運	動	運	動			

4. 다음 한자어에 독음과 알맞은 뜻을 바르게 연결하세요.

① 完全 · · 외국 · · 사람이 몸을 단련하거나 건강을 위하여 몸을 움직이는 일.

② 豫報 · · 완전 · · 자기 나라가 아닌 다른 나라.

③ 連結 · · 예보 · · 필요한 것이 모두 갖추어져 모자람이나 흠이 없음.

④ 運動 · · 연결 · · 앞으로 일어날 일을 미리 알림.

⑤ 外國 · · 운동 · · 사물과 사물 또는 현상과 현상이 서로 이어지거나 관계를 맺음.

📍 한글로 된 가사를 노래로 부르면 한자어의 뜻이 쉽게 이해돼요.

움 직 일 운	움 직 일 동	마 당 장 의	운 동 장 이
위 태 할 위	험 할 험 은	위 태 험 해	위 험 하 고
있 을 유 에	이 름 명 은	이 름 나 서	유 명 하 며
은 혜 은 과	은 혜 혜 는	신 세 혜 택	은 혜 이 고
어 떤 대 상	나 의 생 각	뜻 의 볼 견	의 견 이 며
뜻 의 에 다	그 림 도 면	어 떤 본 뜻	의 도 이 고
이 치 이 에	풀 해 하 여	사 리 해 석	이 해 이 며
사 람 인 에	만 물 물 은	사 람 다 운	인 물 이 고
재 물 자 에	헤 아 릴 료	바 탕 재 료	자 료 이 며
자 세 할 자	가 늘 세 는	아 주 분 명	자 세 이 다

📍 이제는 한자로 쓰인 한자어 가사도 쉽게 읽을 수 있어요~~^^

움 직 일 運	움 직 일 動	마 당 場 의	運 動 場 이
危 殆 할 危	險 할 險 은	危 殆 險 해	危 險 하 고
있 을 有 에	이 름 名 은	이 름 나 서	有 名 하 며
恩 惠 恩 과	恩 惠 惠 는	身 勢 惠 澤	恩 惠 이 고
어 떤 對 象	나 의 생 각	뜻 意 볼 見	意 見 이 며
뜻 意 에 다	그 림 圖 면	어 떤 本 뜻	意 圖 이 고
理 致 理 에	풀 解 하 여	事 理 解 釋	理 解 이 며
사 람 人 에	萬 物 物 은	사 람 다 운	人 物 이 고
財 物 資 에	헤 아 릴 料	바 탕 材 料	資 料 이 며
仔 細 할 仔	가 늘 細 는	아 주 分 明	仔 細 이 다

運動場 운동장

運 움직일 운 + 動 움직일 동 + 場 마당 장 = 運動場

(깨침 풀이) 운동[運動]할 수 있는 넓은 마당[場]이 運動場이다.

(사전 풀이) 운동 경기나 놀이 따위를 할 수 있도록 여러 가지 설비를 갖춘 넓은 마당.

❀ 다음 빈칸에 한자어의 독음과 한자를 예쁘게 써 보세요.

運動場 [   ] / 運 [   ] + 動 [   ] + 場 [   ]

(독음 연습) 오늘 아침에는 학교 運動場을 열 바퀴나 돌았다.

運	動	場	運	動	場			

危 險 위험

危 위태할 위 + 險 험할 험 = 危險

(깨침 풀이) 위태롭고[危] 험한[險] 것이 危險이다.

(사전 풀이) 해로움이나 손실이 생길 우려가 있음.

❀ 다음 빈칸에 한자어의 독음과 한자를 예쁘게 써 보세요.

危險 [   ] / 危 [   ] + 險 [   ]

(독음 연습) 차도에서 노는 것은 아주 危險한 행동이다.

危	險	危	險				

有 名 **유명**

有 있을 **유** + 名 이름 **명** = 有名

이름[名]이 알려져 있는[有] 것이 有名이다.

이름이 널리 알려져 있음.

❀ 다음 빈칸에 한자어의 독음과 한자를 예쁘게 써 보세요.

有名 [ ] / 有 [ ] + 名 [ ]

그는 디자이너로 有名한 사람이다.

有	名	有	名					

恩 惠 **은혜**

恩 은혜 **은** + 惠 은혜 **혜** = 恩惠

은혜[恩]나 혜택[惠]이 恩惠이다.

고맙게 베풀어 주는 신세나 혜택.

❀ 다음 빈칸에 한자어의 독음과 한자를 예쁘게 써 보세요.

恩惠 [ ] / 恩 [ ] + 惠 [ ]

어버이의 恩惠는 하늘보다 더 높다.

恩	惠	恩	惠					

意見 의견

意 뜻 의 + 見 볼 견 = 意見

상대의 뜻[意]을 보는[見] 것이 意見이다.

어떤 대상에 대하여 가지는 생각.

✿ 다음 빈칸에 한자어의 독음과 한자를 예쁘게 써 보세요.

| 意見 | | / | 意 | | + | 見 | |

너는 매사에 당당하게 자신의 意見을 표현하여야 한다.

| 意 | 見 | 意 | 見 | | | | | | |

意圖 의도

意 뜻 의 + 圖 그림 도 = 意圖

뜻[意]을 그림[圖]처럼 나타내 보이는 것이 意圖이다.

무엇을 하고자 하는 생각이나 계획.

✿ 다음 빈칸에 한자어의 독음과 한자를 예쁘게 써 보세요.

| 意圖 | | / | 意 | | + | 圖 | |

이번 일은 意圖는 좋았으나 결과가 나쁘게 나왔다.

| 意 | 圖 | 意 | 圖 | | | | | |

理 解　이해

理　이치 **이** ＋ 解　풀 **해** ＝ 理解

이치[理]로 풀어가는[解] 것이 理解이다.

사리를 분별하여 해석함.

❀ 다음 빈칸에 한자어의 독음과 한자를 예쁘게 써 보세요.

| 理解 | | / | 理 | | ＋ | 解 | |

그 문제를 理解할 수가 없어서 틀린 것 같다.

理	解	理	解						

人 物　인물

人　사람 **인** ＋ 物　만물 **물** ＝ 人物

사람[人]인 물건[物]이 人物이다.

생김새나 됨됨이로 본 사람.

❀ 다음 빈칸에 한자어의 독음과 한자를 예쁘게 써 보세요.

| 人物 | | / | 人 | | ＋ | 物 | |

아버지가 올해의 주요 人物에 자랑스럽게 선정되셨다.

人	物	人	物						

資 料　자료

資 재물 **자** + 料 헤아릴 **료** = 資料

재물[資]의 재료[料]가 資料이다.

연구나 조사 따위의 바탕이 되는 재료.

✿ 다음 빈칸에 한자어의 독음과 한자를 예쁘게 써 보세요.

資料 [　　] / 資 [　　] + 料 [　　]

먼저 資料를 수집하고 정리하는 것이 책을 쓰는 첫 걸음이다.

資	料	資	料						

仔 細　자세

仔 자세할 **자** + 細 가늘 **세** = 仔細

자세하고[仔] 세밀한[細] 것이 仔細이다.

사소한 부분까지 구체적이고 분명히.

✿ 다음 빈칸에 한자어의 독음과 한자를 예쁘게 써 보세요.

仔細 [　　] / 仔 [　　] + 細 [　　]

다음 문제를 仔細히 읽은 후 알맞은 답을 쓰세요.

仔	細	仔	細						

▶▶▶

1. 다음 ☐☐안에 알맞은 한자어를 <보기>에서 찾아 써 보세요.

| 보기 | 恩惠 人物 資料 危險 意圖 運動場 理解 意見 仔細 有名 |

움 직 일 운	움 직 일 동	마 당 장 의			이
위 태 할 위	험 할 험 은	위 태 험 해		하	고
있 을 유 에	이 름 명 은	이 름 나 서		하	며
은 혜 은 과	은 혜 혜 는	신 세 혜 택		이	고
어 떤 대 상	나 의 생 각	뜻 의 볼 견		이	며
뜻 의 에 다	그 림 도 면	어 떤 본 뜻		이	고
이 치 이 에	풀 해 하 여	사 리 해 석		이	며
사 람 인 에	만 물 물 은	사 람 다 운		이	고
재 물 자 에	헤 아 릴 료	바 탕 재 료		이	며
자 세 할 자	가 늘 세 는	아 주 분 명		이	다

2. 다음 한자어의 뜻을 써 보세요.

① 運動場

② 危險

③ 有名

④ 恩惠

⑤ 意見

⑥ 意圖

⑦ 理解

⑧ 人物

⑨ 資料

⑩ 仔細

3. 다음 한자어의 독음을 쓰고, 한자를 예쁘게 써 보세요.

①	運動場		運	動	場	運	動	場
②	危險		危	險	危	險		
③	有名		有	名	有	名		
④	恩惠		恩	惠	恩	惠		
⑤	意見		意	見	意	見		
⑥	意圖		意	圖	意	圖		
⑦	理解		理	解	理	解		
⑧	人物		人	物	人	物		
⑨	資料		資	料	資	料		
⑩	仔細		仔	細	仔	細		

4. 다음 한자어에 독음과 알맞은 뜻을 바르게 연결하세요.

① 危險 • • 이해 • • 연구나 조사 따위의 바탕이 되는 재료.

② 理解 • • 자료 • • 사리를 분별하여 해석함.

③ 資料 • • 위험 • • 무엇을 하고자 하는 생각이나 계획.

④ 恩惠 • • 의도 • • 고맙게 베풀어 주는 신세나 혜택.

⑤ 意圖 • • 은혜 • • 해로움이나 손실이 생길 우려가 있음.

作戰 ＊ 場所 ＊ 著作權 ＊ 適用 ＊ 適切
傳統 ＊ 節次 ＊ 點檢 ＊ 整理 ＊ 亭子

📍 한글로 된 가사를 노래로 부르면 한자어의 뜻이 쉽게 이해돼요.

지 을 작 에	싸 울 전 은	방 법 강 구	작 전 이 고
마 당 장 에	곳 소 하 면	무 엇 하 는	장 소 이 며
분 명 할 저	지 을 작 과	권 세 권 의	저 작 권 과
맞 을 적 에	쓸 용 하 면	맞 추 어 씀	적 용 이 고
맞 을 적 에	끊 을 절 은	꼭 알 맞 다	적 절 이 며
전 할 전 에	거 느 릴 통	전 해 져 온	전 통 이 고
마 디 절 에	버 금 차 면	순 서 방 법	절 차 이 며
점 점 에 다	검 사 할 검	낱 낱 검 사	점 검 이 고
가 지 런 정	이 치 리 는	질 서 상 태	정 리 이 며
정 자 정 에	물 건 자 면	쉬 는 집 인	정 자 이 다

📍 이제는 한자로 쓰인 한자어 가사도 쉽게 읽을 수 있어요~~^ ^

지 을 作 에	싸 울 戰 은	方 法 講 究	作 戰 이 고
마 당 場 에	곳 所 하 면	무 엇 하 는	場 所 이 며
分 明 할 著	지 을 作 과	權 勢 權 의	著 作 權 과
맞 을 適 에	쓸 用 하 면	맞 추 어 씀	適 用 이 고
맞 을 適 에	끊 을 切 은	꼭 알 맞 다	適 切 이 며
傳 할 傳 에	거 느 릴 統	傳 해 져 온	傳 統 이 고
마 디 節 에	버 금 次 면	順 序 方 法	節 次 이 며
點 點 에 다	檢 查 할 檢	낱 낱 檢 查	點 檢 이 고
가 지 런 整	理 致 理 는	秩 序 狀 態	整 理 이 며
亭 子 亭 에	物 件 子 면	쉬 는 집 인	亭 子 이 다

作 戰　작전

作 지을 **작** + 戰 싸울 **전** = 作戰

싸움[戰]에서 이기기 위해 지어내는[作] 방법이 作戰이다.

어떤 일을 이루기 위하여 필요한 조치나 방법을 강구함.

❀ 다음 빈칸에 한자어의 독음과 한자를 예쁘게 써 보세요.

| 作戰 | | / | 作 | | + | 戰 | |

양감독은 선수들에게 기발한 作戰 지시를 하였다.

作	戰	作	戰						

場 所　장소

場 마당 **장** + 所 곳 **소** = 場所

일이 일어난 마당[場]이 있는 곳[所]이 場所이다.

어떤 일이 이루어지거나 일어나는 곳.

❀ 다음 빈칸에 한자어의 독음과 한자를 예쁘게 써 보세요.

| 場所 | | / | 場 | | + | 所 | |

우리는 약속한 場所에 늦지 않으려고 열심히 뛰어갔다.

場	所	場	所						

著作權 저작권

著 분명할 **저** + 作 지을 **작** + 權 권세 **권** = 著作權

저작물[著作]에 대한 권리[權]가 著作權이다.

저작물에 대한 저자 혹은 대리인의 권리.

❀ 다음 빈칸에 한자어의 독음과 한자를 예쁘게 써 보세요.

著作權 [ ] / 著 [ ] + 作 [ ] + 權 [ ]

우리나라는 아직 著作權에 대한 인식이 많이 부족한 것 같다.

著	作	權	著	作	權				

適用 적용

適 맞을 **적** + 用 쓸 **용** = 適用

알맞게[適] 쓰는[用] 것이 適用이다.

알맞게 이용하거나 맞추어 씀.

❀ 다음 빈칸에 한자어의 독음과 한자를 예쁘게 써 보세요.

適用 [ ] / 適 [ ] + 用 [ ]

법은 모든 국민에게 똑같이 適用 되어야 한다.

適	用	適	用						

適切　적절

適 맞을 적 + 切 끊을 절 = 適切

알맞게[適] 끊어지는[切] 것이 適切이다.

정도나 기준에 꼭 알맞음.

❀ 다음 빈칸에 한자어의 독음과 한자를 예쁘게 써 보세요.

適切 [　] / 適 [　] + 切 [　]

가족들이 함께 보기에 適切한 티브이 프로그램이 적은 것 같다.

適	切	適	切					

傳統　전통

傳 전할 전 + 統 거느릴 통 = 傳統

전해져[傳] 온 계통[統]이 傳統이다.

과거로부터 어떤 사상이나 관습 등이 현재까지 이어져 내려오는 것.

❀ 다음 빈칸에 한자어의 독음과 한자를 예쁘게 써 보세요.

傳統 [　] / 傳 [　] + 統 [　]

오늘 숙제는 傳統놀이의 종류에 대해서 알아보는 것이다.

傳	統	傳	統					

節 次　절차

節 마디 **절** ＋ 次 버금 **차** ＝ 節次

마디[節]의 순서[次]와 같은 것이 節次이다.

일을 치르는 데 거쳐야 하는 순서나 방법.

❀ 다음 빈칸에 한자어의 독음과 한자를 예쁘게 써 보세요.

節次 ［　　　］ ／ 節 ［　　　］ ＋ 次 ［　　　］

정해진 節次를 무시하려고 해서는 안된다.

節	次	節	次						

點 檢　점검

點 점 **점** ＋ 檢 검사할 **검** ＝ 點檢

점[點]을 찍으면서 검사하는[檢] 것이 點檢이다.

낱낱이 검사함.

❀ 다음 빈칸에 한자어의 독음과 한자를 예쁘게 써 보세요.

點檢 ［　　　］ ／ 點 ［　　　］ ＋ 檢 ［　　　］

단체 여행을 할 때에는 인원 點檢을 철저히 해야 한다.

點	檢	點	檢						

整 理　정리

整 가지런할 정 ＋ 理 이치 리 ＝ 整理

 가지런하게[整] 다스리는[理] 것이 整理이다.

 흐트러지거나 어수선한 것을 한데 모으거나 치워서 질서 있는 상태가 되게 함.

❀ 다음 빈칸에 한자어의 독음과 한자를 예쁘게 써 보세요.

| 整理 | | / | 整 | | ＋ | 理 | |

책상 서랍의 整理 상태를 보면 사용자의 성격을 짐작할 수 있다.

整	理	整	理					

亭 子　정자

亭 정자 정 ＋ 子 물건 자 ＝ 亭子

정자[亭子]는 놀거나 쉬지 위하여 지은 집이 亭子이다.

경치가 좋은 곳에 놀거나 쉬기 위하여 지은 집.

❀ 다음 빈칸에 한자어의 독음과 한자를 예쁘게 써 보세요.

| 亭子 | | / | 亭 | | ＋ | 子 | |

우리는 亭子에 앉아 더위를 식혔다.

亭	子	亭	子				

다시 한번 해 봐요 01

1. 다음 ☐☐ 안에 알맞은 한자어를 <보기>에서 찾아 써 보세요.

보기 亭子 場所 節次 著作權 傳統 點檢 適用 作戰 整理 適切

지 을 작 에	싸 울 전 은	방 법 강 구		이 고
마 당 장 에	곳 소 하 면	무 엇 하 는		이 며
분 명 할 저	지 을 작 과	권 세 권 의		과
맞 을 적 에	쓸 용 하 면	맞 추 어 씀		이 니
맞 을 적 에	끊 을 절 은	꼭 알 맞 다		이 며
전 할 전 에	거 느 릴 통	전 해 져 온		이 고
마 디 절 에	버 금 차 면	순 서 방 법		이 며
점 점 에 다	검 사 할 검	낱 낱 검 사		이 고
가 지 런 정	이 치 리 는	질 서 상 태		이 며
정 자 정 에	물 건 자 면	쉬 는 집 인		이 다

2. 다음 한자어의 뜻을 써 보세요.

① 作戰　　　　　　　　　⑥ 傳統

② 場所　　　　　　　　　⑦ 節次

③ 著作權　　　　　　　　⑧ 點檢

④ 適用　　　　　　　　　⑨ 整理

⑤ 適切　　　　　　　　　⑩ 亭子

3. 다음 한자어의 독음을 쓰고, 한자를 예쁘게 써 보세요.

①	作戰		作	戰	作	戰		
②	場所		場	所	場	所		
③	著作權		著	作	權	著	作	權
④	適用		適	用	適	用		
⑤	適切		適	切	適	切		
⑥	傳統		傳	統	傳	統		
⑦	節次		節	次	節	次		
⑧	點檢		點	檢	點	檢		
⑨	整理		整	理	整	理		
⑩	亭子		亭	子	亭	子		

4. 다음 한자어에 독음과 알맞은 뜻을 바르게 연결하세요.

① 場所 • • 점검 • • 낱낱이 검사함.

② 作戰 • • 절차 • • 일을 치르는 데 거쳐야 하는 순서나 방법.

③ 適用 • • 장소 • • 알맞게 이용하거나 맞추어 씀.

④ 點檢 • • 작전 • • 어떤 일이 이루어지거나 일어나는 곳.

⑤ 節次 • • 적용 • • 어떤 일을 이루기 위하여 필요한 조치나 방법을 강구함.

正確 ＊ 題目 ＊ 提示 ＊ 提案 ＊ 朝鮮
週末 ＊ 主題 ＊ 重要 ＊ 地境 ＊ 地域

한글로 된 가사를 노래로 부르면 한자어의 뜻이 쉽게 이해돼요.

바 를 정 에	굳 을 확 은	바 른 확 실	정 확 이 고
제 목 제 에	눈 목 자 는	대 표 이 름	제 목 이 며
끌 제 하 여	보 일 시 면	의 사 표 시	제 시 이 고
끌 제 에 다	책 상 안 은	의 견 내 는	제 안 이 며
아 침 조 에	고 울 선 은	고 려 다 음	조 선 이 고
한 주 일 의	끌 날 이 니	돌 주 끌 말	주 말 이 며
주 인 주 에	제 목 제 는	중 심 제 목	주 제 이 고
무 거 울 중	구 할 요 는	귀 중 요 긴	중 요 이 며
땅 지 에 다	지 경 경 은	지 역 경 계	지 경 이 고
땅 지 하 고	지 경 역 은	일 정 구 획	지 역 이 다

이제는 한자로 쓰인 한자어 가사도 쉽게 읽을 수 있어요~~^^

바 를 正 에	굳 을 確 은	바 른 確 實	正 確 이 고
題 目 題 에	눈 目 字 는	代 表 이 름	題 目 이 며
끌 提 하 여	보 일 示 면	意 思 表 示	提 示 이 고
끌 提 에 다	冊 床 案 은	意 見 내 는	提 案 이 며
아 침 朝 에	고 울 鮮 은	高 麗 다 음	朝 鮮 이 고
한 週 日 의	끌 날 이 니	돌 週 끌 末	週 末 이 며
主 人 主 에	題 目 題 는	中 心 題 目	主 題 이 고
무 거 울 重	求 할 要 는	貴 重 要 緊	重 要 이 며
땅 地 에 다	地 境 境 은	地 域 境 界	地 境 이 고
땅 地 하 고	地 境 域 은	一 定 區 劃	地 域 이 다

正 確　정확

正 바를 정 ＋ 確 굳을 확 ＝ 正確

바르고[正] 확실한[確] 것이 正確이다.

바르고 확실함.

❀ 다음 빈칸에 한자어의 독음과 한자를 예쁘게 써 보세요.

正確 [　]　/　正 [　]　＋　確 [　]

그는 어떤 일이든지 正確을 기한다.

正	確	正	確						

題 目　제목

題 제목 제 ＋ 目 눈 목 ＝ 題目

표제[題]를 눈[目]처럼 붙이는 것이 題目이다.

작품이나 강연 따위에서, 그 내용을 보이기 위하여 붙이는 이름.

❀ 다음 빈칸에 한자어의 독음과 한자를 예쁘게 써 보세요.

題目 [　]　/　題 [　]　＋　目 [　]

'꽃'이라는 題目으로 글을 써보기로 하였다.

題	目	題	目						

提 示 제시

提 끌 제 + 示 보일 시 = 提示

끌어서[提] 보이는[示] 것이 提示이다.

어떠한 의사를 말이나 글로 나타내어 보임.

❀ 다음 빈칸에 한자어의 독음과 한자를 예쁘게 써 보세요.

提示 [　] / 提 [　] + 示 [　]

학급회의에서 여러 가지 의견이 提示되었다.

提	示	提	示				

提 案 제안

提 끌 제 + 案 책상 안 = 提案

안[案]을 끌어[提] 내놓은 것이 提案이다.

안이나 의견으로 내놓음.

❀ 다음 빈칸에 한자어의 독음과 한자를 예쁘게 써 보세요.

提案 [　] / 提 [　] + 案 [　]

나는 내일 다시 한 번 만나자고 提案을 했다.

提	案	提	案				

朝鮮 　조선

| 朝 | 아침 조 | + | 鮮 | 고울 선 | = | 朝鮮 |

아침[朝]처럼 고운[鮮] 나라가 朝鮮이다.

1392년 이성계가 고려를 무너뜨리고 세운 나라.

❀ 다음 빈칸에 한자어의 독음과 한자를 예쁘게 써 보세요.

| 朝鮮 | | / | 朝 | | + | 鮮 | |

순종은 朝鮮의 마지막 왕이다.

| 朝 | 鮮 | 朝 | 鮮 | | | | | |

週末 　주말

| 週 | 돌 주 | + | 末 | 끝 말 | = | 週末 |

한 주일[週]의 끝[末]이 週末이다.

한 주일의 끝 무렵. 주로 토요일부터 일요일까지를 이른다.

❀ 다음 빈칸에 한자어의 독음과 한자를 예쁘게 써 보세요.

| 週末 | | / | 週 | | + | 末 | |

아버지와 나는 週末마다 등산을 한다.

| 週 | 末 | 週 | 末 | | | | | |

主 題　주제

主 주인 **주** ＋ 題 제목 **제** ＝ 主題

주된[主] 제목[題]이 主題이다.

대화나 연구 따위에서 중심이 되는 문제.

✿ 다음 빈칸에 한자어의 독음과 한자를 예쁘게 써 보세요.

主題 [　　] / 主 [　　] ＋ 題 [　　]

이 책은 主題를 파악하기가 쉽지 않다.

主	題	主	題						

重 要　중요

重 무거울 **중** ＋ 要 요긴할 **요** ＝ 重要

귀중하고[重] 요긴함[要]이 重要이다.

귀중하고 요긴함.

✿ 다음 빈칸에 한자어의 독음과 한자를 예쁘게 써 보세요.

重要 [　　] / 重 [　　] ＋ 要 [　　]

가을운동회는 우리 학교의 重要한 행사이다.

重	要	重	要						

地 境 지경

地 땅 지 + 境 지경 경 = 地境

땅[地]의 경계[境]가 地境이다.

나라나 지역 따위의 구간을 가르는 경계.

❀ 다음 빈칸에 한자어의 독음과 한자를 예쁘게 써 보세요.

地境		/	地		+	境	

그 고을과 우리 고을의 地境에는 오일장이 선다.

地	境	地	境						

地 域 지역

地 땅 지 + 域 지경 역 = 地域

땅[地]의 구역[域]이 地域이다.

일정하게 구획된 어느 범위의 토지.

❀ 다음 빈칸에 한자어의 독음과 한자를 예쁘게 써 보세요.

地域		/	地		+	域	

地域 방송국 광고 시간에 우리 식당이 나왔다.

地	域	地	域						

1. 다음 ☐☐안에 알맞은 한자어를 <보기>에서 찾아 써 보세요.

보기	週末 地境 題目 朝鮮 主題 提案 重要 正確 地域 提示

바 를 정 에	굳 을 확 은	바 른 확 실		이 고
제 목 제 에	눈 목 자 는	대 표 이 름		이 며
끌 제 하 여	보 일 시 면	의 사 표 시		이 고
끌 제 에 다	책 상 안 은	의 견 내 는		이 며
아 침 조 에	고 울 선 은	고 려 다 음		이 고
한 주 일 의	끝 날 이 니	돌 주 끝 말		이 며
주 인 주 에	제 목 제 는	중 심 제 목		이 고
무 거 울 중	구 할 요 는	귀 중 요 긴		이 며
땅 지 에 다	지 경 경 은	지 역 경 계		이 고
땅 지 하 고	지 경 역 은	일 정 구 획		이 다

2. 다음 한자어의 뜻을 써 보세요.

① 正確

② 題目

③ 提示

④ 提案

⑤ 朝鮮

⑥ 週末

⑦ 主題

⑧ 重要

⑨ 地境

⑩ 地域

3. 다음 한자어의 독음을 쓰고, 한자를 예쁘게 써 보세요.

① 正確   正 確 正 確

② 題目   題 目 題 目

③ 提示   提 示 提 示

④ 提案   提 案 提 案

⑤ 朝鮮   朝 鮮 朝 鮮

⑥ 週末   週 末 週 末

⑦ 主題   主 題 主 題

⑧ 重要   重 要 重 要

⑨ 地境   地 境 地 境

⑩ 地域   地 域 地 域

4. 다음 한자어에 독음과 알맞은 뜻을 바르게 연결하세요.

① 週末   •   중요   •   • 일정하게 구획된 어느 범위의 토지.

② 重要   •   주말   •   • 귀중하고 요긴함.

③ 地境   •   지역   •   • 한 주일의 끝 무렵.

④ 地域   •   제시   •   • 나라나 지역 따위의 구간을 가르는 경계.

⑤ 提示   •   지경   •   • 어떠한 의사를 말이나 글로 나타내어 보임.

斟酌 * 次時 * 窓門 * 冊床 * 招待
招待狀 * 出處 * 親舊 * 態度 * 討論

📍 한글로 된 가사를 노래로 부르면 한자어의 뜻이 쉽게 이해돼요.

짐 작 할 짐	술 부 을 작	어 림 생 각	짐 작 이 고
버 금 차 에	때 시 하 면	반 복 시 간	차 시 이 며
햇 빛 받 고	밖 을 보 는	창 창 문 문	창 문 이 고
책 을 읽 고	글 을 쓰 는	책 책 상 상	책 상 이 며
부 를 초 에	기 다 릴 대	참 가 청 함	초 대 이 고
부 를 초 에	기 다 릴 대	문 서 장 은	초 대 장 이
사 물 이 나	말 의 근 거	날 출 곳 처	출 처 이 며
친 할 친 에	옛 구 하 여	친 한 사 귐	친 구 이 고
모 양 태 에	법 도 도 는	몸 의 자 세	태 도 이 며
칠 도 에 다	말 할 론 은	의 견 논 의	토 론 이 다

📍 이제는 한자로 쓰인 한자어 가사도 쉽게 읽을 수 있어요~~^^

斟 酌 할 斟	술 부 을 酌	어 림 생 각	斟 酌 이 고
버 금 次 에	때 時 하 면	反 復 時 間	次 時 이 며
햇 빛 받 고	밖 을 보 는	窓 窓 門 門	窓 門 이 고
冊 을 읽 고	글 을 쓰 는	冊 冊 床 床	冊 床 이 며
부 를 招 에	기 다 릴 待	參 加 請 함	招 待 이 고
부 를 招 에	기 다 릴 待	文 書 狀 은	招 待 狀 이
事 物 이 나	말 의 根 據	날 出 곳 處	出 處 이 며
親 할 親 에	옛 舊 하 여	親 한 사 귐	親 舊 이 고
模 樣 態 에	法 度 度 는	몸 의 姿 勢	態 度 이 며
칠 討 에 다	말 할 論 은	意 見 論 議	討 論 이 다

斟酌 짐작

斟 짐작할 짐 + 酌 술부을 작 = 斟酌

어림잡아[斟] 술 붓는[酌] 것이 斟酌이다.

사정이나 형편 따위를 어림잡아 헤아림.

❀ 다음 빈칸에 한자어의 독음과 한자를 예쁘게 써 보세요.

斟酌		/	斟		+	酌	

내 斟酌대로 영화는 재미가 없었다.

斟	酌	斟	酌						

次時 차시

次 버금 차 + 時 때 시 = 次時

버금[次]의 때[時]가 次時이다.

한 단원의 내용을 여러 차시로 나누는 것.

❀ 다음 빈칸에 한자어의 독음과 한자를 예쁘게 써 보세요.

次時		/	次		+	時	

국어 2次時 학습은 글짓기에 대해 공부를 한다.

次	時	次	時					

窓門 창문

窓 창 창 + 門 문 문 = 窓門

창[窓]에 내놓은 문[門]이 窓門이다.

공기나 빛 따위가 통하도록 벽이나 지붕에 만들어 놓은 작은 문.

❀ 다음 빈칸에 한자어의 독음과 한자를 예쁘게 써 보세요.

窓門 [   ] / 窓 [   ] + 門 [   ]

누군가가 내 방 窓門에 돌을 던지고 달아났다.

窓	門	窓	門						

冊床 책상

冊 책 책 + 床 상 상 = 冊床

책[冊]을 놓을 수 있게 만든 상[床]이 冊床이다.

주로 글을 읽거나 쓸 때에 이용하기 위한 상.

❀ 다음 빈칸에 한자어의 독음과 한자를 예쁘게 써 보세요.

冊床 [   ] / 冊 [   ] + 床 [   ]

나는 숙제를 하기 위해 冊床에 앉았다.

冊	床	冊	床						

招 待 　초대

招 부를 **초** ＋ 待 기다릴 **대** ＝ 招待

불러서[招] 기다리는[待] 것이 招待이다.

어떤 모임에 참가해 줄 것을 청함.

❀ 다음 빈칸에 한자어의 독음과 한자를 예쁘게 써 보세요.

招待 　　　 / 招 　　　 ＋ 待 　　　

내 짝의 생일에 招待를 받았다.

招	待	招	待				

招待狀 　초대장

招 부를 **초** ＋ 待 기다릴 **대** ＋ 狀 문서 **장** ＝ 招待狀

초대[招待]한다는 문서[狀]가 招待狀이다.

어떤 자리나 모임에 초대하는 뜻을 적어서 보내는 편지.

❀ 다음 빈칸에 한자어의 독음과 한자를 예쁘게 써 보세요.

招待狀 　　　 / 招 　　 ＋ 待 　　 ＋ 狀 　　

나는 민이가 보낸 생일잔치 招待狀을 받았다.

招	待	狀	招	待	狀			

出 處　출처

出 날 출 ＋ 處 곳 처 ＝ 出處

무엇이 나온[出] 곳[處]이 出處이다.

사물이나 말 따위가 생기거나 나온 근거.

❀ 다음 빈칸에 한자어의 독음과 한자를 예쁘게 써 보세요.

出處 ☐ ／ 出 ☐ ＋ 處 ☐

부모님께 자신의 出處를 말씀드리고 다니는 것이 자식의 도리다.

出	處	出	處						

親 舊　친구

親 친할 친 ＋ 舊 옛 구 ＝ 親舊

오랫동안[舊] 친하게[親] 지내온 사람이 親舊이다.

가깝게 오래 사귄 사람.

❀ 다음 빈칸에 한자어의 독음과 한자를 예쁘게 써 보세요.

親舊 ☐ ／ 親 ☐ ＋ 舊 ☐

나는 親舊의 생일 초대장을 받았다.

親	舊	親	舊						

態 度 　태도

態 모양 **태** + 度 법도 **도** = 態度

법도[度]에 따른 모양새[態]가 態度이다.

몸의 동작이나 몸을 가누는 모양새.

❀ 다음 빈칸에 한자어의 독음과 한자를 예쁘게 써 보세요.

態度 [　　] / 態 [　] + 度 [　]

그의 오만한 態度 때문에 친구들이 없는 것 같다.

態	度	態	度				

討 論 　토론

討 칠 **토** + 論 말할 **론** = 討論

토의[討]하고 의논[論]하는 것이 討論이다.

어떤 문제에 대하여 여러 사람이 각각 의견을 말하며 논의함.

❀ 다음 빈칸에 한자어의 독음과 한자를 예쁘게 써 보세요.

討論 [　　] / 討 [　] + 論 [　]

회의실에서는 열띤 討論이 벌어지고 있다.

討	論	討	論				

1. 다음 □□안에 알맞은 한자어를 <보기>에서 찾아 써 보세요.

| 보기 | 招待 次時 招待狀 出處 斟酌 冊床 態度 親舊 討論 窓門 |

짐 작 할 짐	술 부 을 작	어 림 생 각		이 고
버 금 차 에	때 시 하 면	반 복 시 간		이 며
햇 빛 받 고	밖 을 보 는	창 창 문 문		이 고
책 을 읽 고	글 을 쓰 는	책 책 상 상		이 며
부 를 초 에	기 다 릴 대	참 가 청 함		이 고
부 를 초 에	기 다 릴 대	문 서 장 은		이
사 물 이 나	말 의 근 거	날 출 곳 처		이 며
친 할 친 에	옛 구 하 여	친 한 사 귐		이 고
모 양 태 에	법 도 도 는	몸 의 자 세		이 며
칠 토 에 다	말 할 론 은	의 견 논 의		이 다

2. 다음 한자어의 뜻을 써 보세요.

① 斟酌

② 次時

③ 窓門

④ 冊床

⑤ 招待

⑥ 招待狀

⑦ 出處

⑧ 親舊

⑨ 態度

⑩ 討論

3. 다음 한자어의 독음을 쓰고, 한자를 예쁘게 써 보세요.

① 斟酌 | | 斟 酌 斟 酌 | | |
② 次時 | | 次 時 次 時 | | |
③ 窓門 | | 窓 門 窓 門 | | |
④ 冊床 | | 冊 床 冊 床 | | |
⑤ 招待 | | 招 待 招 待 | | |
⑥ 招待狀 | | 招 待 狀 招 待 狀 | | |
⑦ 出處 | | 出 處 出 處 | | |
⑧ 親舊 | | 親 舊 親 舊 | | |
⑨ 態度 | | 態 度 態 度 | | |
⑩ 討論 | | 討 論 討 論 | | |

4. 다음 한자어에 독음과 알맞은 뜻을 바르게 연결하세요.

① 態度 • • 짐작 • • 몸의 동작이나 몸을 가누는 모양새.

② 親舊 • • 태도 • • 가깝게 오래 사귄 사람.

③ 出處 • • 친구 • • 사물이나 말 따위가 생기거나 나온 근거.

④ 招請 • • 출처 • • 어떤 모임에 참가해 줄 것을 청함.

⑤ 斟酌 • • 초청 • • 사정이나 형편 따위를 어림잡아 헤아림.

把握 * 葡萄 * 標準語 * 學校 * 學級
韓服 * 幸福 * 現實 * 和解 * 會議

📍 한글로 된 가사를 노래로 부르면 한자어의 뜻이 쉽게 이해돼요.

잡 을 파 에	쥘 악 이 면	본 질 이 해	파 악 이 고
포 도 포 에	포 도 도 면	맛 있 구 나	포 도 이 며
우 듬 지 표	수 준 기 준	말 씀 어 는	표 준 어 고
배 울 학 에	학 교 교 는	배 우 는 집	학 교 이 며
배 울 학 에	등 급 급 은	교 실 단 위	학 급 이 고
한 국 한 에	옷 복 하 면	고 유 한 옷	한 복 이 며
다 행 행 에	복 복 이 면	만 족 기 쁨	행 복 이 고
나 타 날 현	열 매 실 은	현 재 사 실	현 실 이 며
화 할 해 에	플 해 하 니	다 름 을 푼	화 해 이 고
모 일 회 에	의 논 할 의	모 여 의 논	회 의 이 다

📍 이제는 한자로 쓰인 한자어 가사도 쉽게 읽을 수 있어요~~^^

잡 을 把 에	쥘 握 이 면	本 質 理 解	把 握 이 고
葡 萄 葡 에	葡 萄 萄 면	맛 있 구 나	葡 萄 이 며
우 듬 지 標	水 準 器 準	말 씀 語 는	標 準 語 고
배 울 學 에	學 校 校 는	배 우 는 집	學 校 이 며
배 울 學 에	等 級 級 은	敎 室 單 位	學 級 이 고
韓 國 韓 에	옷 服 하 면	固 有 한 옷	韓 服 이 며
多 幸 幸 에	福 福 이 면	滿 足 기 쁨	幸 福 이 고
나 타 날 現	열 매 實 은	現 在 事 實	現 實 이 며
和 할 和 에	플 解 하 니	다 름 을 푼	和 解 이 고
모 일 會 에	議 論 할 議	모 여 議 論	會 議 이 다

把 握 파악

把 잡을 파 + 握 쥘 악 = 把握

잡고[把] 쥐어서[握] 확실하게 알아내는 것이 把握이다.

어떤 대상의 내용이나 본질을 확실하게 이해하여 앎.

❀ 다음 빈칸에 한자어의 독음과 한자를 예쁘게 써 보세요.

把握 [ ] / 把 [ ] + 握 [ ]

글을 읽을 때에는 주제를 먼저 把握하는 것이 필요하다.

把	握	把	握						

葡 萄 포도

葡 포도 포 + 萄 포도 도 = 葡萄

포도[葡萄]과에 속한 낙엽 덩굴나무가 葡萄이다.

포도과의 낙엽 활엽 덩굴성 나무.

❀ 다음 빈칸에 한자어의 독음과 한자를 예쁘게 써 보세요.

葡萄 [ ] / 葡 [ ] + 萄 [ ]

나는 과일 중에 葡萄를 제일 좋아한다.

葡	萄	葡	萄						

標準語 표준어

標 우듬지 표 + 準 수준기 준 + 語 말씀 어 = 標準語

표준[標準]으로 사용하는 말[語]이 標準語이다.

한 나라에서 공용어로 쓰는 규범으로서의 언어.

❀ 다음 빈칸에 한자어의 독음과 한자를 예쁘게 써 보세요.

標準語 [　　　] / 標 [　　　] + 準 [　　　] + 語 [　　　]

요즘 흔히 사용되는 생얼이란 단어의 標準語는 민얼굴이다.

標	準	語	標	準	語			

學 校 학교

學 배울 학 + 校 학교 교 = 學校

배우는[學] 집[校]이 學校이다.

학생에게 교육을 실시하는 기관.

❀ 다음 빈칸에 한자어의 독음과 한자를 예쁘게 써 보세요.

學校 [　　　] / 學 [　　　] + 校 [　　　]

우리 學校 야구팀이 전국체전에서 우승했다.

學	校	學	校					

學 級 학급

學 배울 **학** + 級 등급 **급** = 學級

배우는[學] 단위의 등급[級]이 學級이다.

한 교실에서 공부하는 학생의 단위 집단.

✿ 다음 빈칸에 한자어의 독음과 한자를 예쁘게 써 보세요.

| 學級 | | / | 學 | | + | 級 | |

우리 學級에 오늘 새로운 친구가 전학을 왔다.

學	級	學	級						

韓 服 한복

韓 한국 **한** + 服 옷 **복** = 韓服

한국[韓]의 옷[服]이 韓服이다.

우리나라의 고유한 옷.

✿ 다음 빈칸에 한자어의 독음과 한자를 예쁘게 써 보세요.

| 韓服 | | / | 韓 | | + | 服 | |

개량 韓服은 만들기가 아주 간단하고 활동하기에 편하다.

韓	服	韓	服						

幸福 행복

幸 다행 행 + 福 복 복 = 幸福

다행스러운[幸] 복[福]을 느낌이 幸福이다.

생활에서 충분한 만족과 기쁨을 느끼어 흐뭇함.

✿ 다음 빈칸에 한자어의 독음과 한자를 예쁘게 써 보세요.

幸福 [　] / 幸 [　] + 福 [　]

가정의 평화는 그 무엇과도 바꿀 수 없는 최상의 幸福이다.

幸	福	幸	福						

現實 현실

現 나타날 현 + 實 열매 실 = 現實

현재[現] 실제로 있는 사실[實]이 現實이다.

현재 실제로 존재하는 사실이나 상태.

✿ 다음 빈칸에 한자어의 독음과 한자를 예쁘게 써 보세요.

現實 [　] / 現 [　] + 實 [　]

우리는 現實에 안주하기보다는 더 나은 미래를 향해 뛰기로 했다.

現	實	現	實						

和 解　화해

| 和 | 화할 **화** | + | 解 | 풀 **해** | = | 和解 |

（암기비결）서로 화하고[和] 풀어나가는[解] 것이 和解이다.

（사전풀이）다툼질을 서로 그치고 풂.

❀ 다음 빈칸에 한자어의 독음과 한자를 예쁘게 써 보세요.

| 和解 | | / | 和 | | + | 解 | |

（독음연습）나는 친구와 오해를 풀고 和解하기로 결심하였다.

| 和 | 解 | 和 | 解 | | | | | | |

會 議　회의

| 會 | 모일 **회** | + | 議 | 의논할 **의** | = | 會議 |

（암기비결）모여서[會] 의논하는[議] 것이 會議이다.

（사전풀이）여럿이 모여 의논함.

❀ 다음 빈칸에 한자어의 독음과 한자를 예쁘게 써 보세요.

| 會議 | | / | 會 | | + | 議 | |

（독음연습）다음 주 화요일에 학급 會議가 열릴 예정이다.

| 會 | 議 | 會 | 議 | | | | | | |

1. 다음 ☐☐안에 알맞은 한자어를 <보기>에서 찾아 써 보세요.

보기

會議 學校 葡萄 韓服 幸福 現實 學級 把握 和解 標準語

잡 을 파 에	쥘 악 이 면	본 질 이 해		이 고
포 도 포 에	포 도 도 면	맛 있 구 나		이 며
우 듬 지 표	수 준 기 준	말 씀 어 는		고
배 울 학 에	학 교 교 는	배 우 는 집		이 며
배 울 학 에	등 급 급 은	교 실 단 위		이 다
한 국 한 에	옷 복 하 면	고 유 한 옷		이 며
다 행 행 에	복 복 이 면	만 족 기 쁨		이 고
나 타 날 현	열 매 실 은	현 재 사 실		이 며
화 할 화 에	풀 해 하 니	다 툼 을 푼		이 고
모 일 회 에	의 논 할 의	모 여 의 논		이 다

2. 다음 한자어의 뜻을 써 보세요.

① 把握 [ ]
② 葡萄 [ ]
③ 標準語 [ ]
④ 學校 [ ]
⑤ 學級 [ ]

⑥ 韓服 [ ]
⑦ 幸福 [ ]
⑧ 現實 [ ]
⑨ 和解 [ ]
⑩ 會議 [ ]

3. 다음 한자어의 독음을 쓰고, 한자를 예쁘게 써 보세요.

	한자어	독음	쓰기					
①	把握		把	握	把	握		
②	葡萄		葡	萄	葡	萄		
③	標準語		標	準	語	標	準	語
④	學校		學	校	學	校		
⑤	學級		學	級	學	級		
⑥	韓服		韓	服	韓	服		
⑦	幸福		幸	福	幸	福		
⑧	現實		現	實	現	實		
⑨	和解		和	解	和	解		
⑩	會議		會	議	會	議		

4. 다음 한자어에 독음과 알맞은 뜻을 바르게 연결하세요.

① 把握 •　• 현실 •　• 여럿이 모여 의논함.

② 會議 •　• 행복 •　• 다툼질을 서로 그치고 풂.

③ 和解 •　• 파악 •　• 현재 실제로 존재하는 사실이나 상태.

④ 現實 •　• 회의 •　• 복된 좋은 운수.

⑤ 幸福 •　• 화해 •　• 어떤 대상의 내용이나 본질을 확실하게 이해하여 앎.

수학

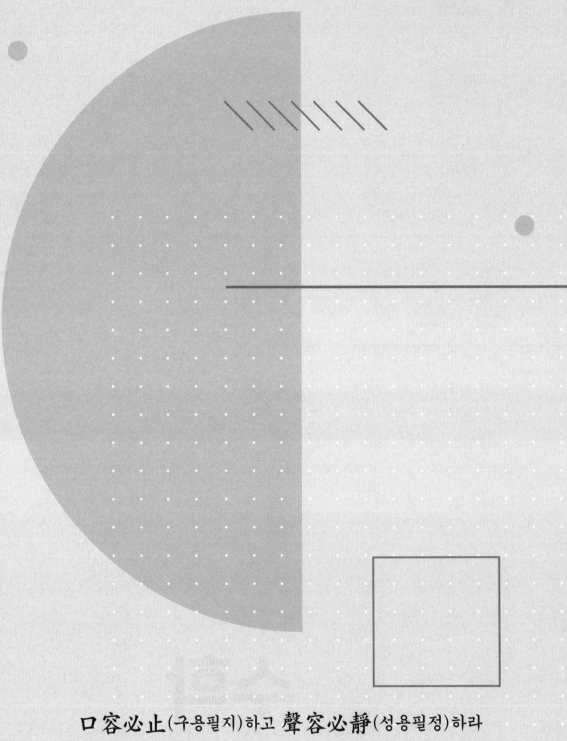

口容必止(구용필지)하고 聲容必靜(성용필정)하라

입의 모습은 반드시 다물어야 하고,
소리내는 모습은 반드시 고요하게 하라. 《인성보감》

價格 * 各各 * 角度 * 角度器 * 角雪糖
距離 * 檢算 * 計算 * 計算器 * 計算式

📍 한글로 된 가사를 노래로 부르면 한자어의 뜻이 쉽게 이해돼요.

값 가 에 다	격 식 격 은	물 건 가 치	가 격 이 고
각 각 각 과	각 각 각 은	따 로 따 로	각 각 이 며
뿔 각 에 다	법 도 도 는	각 의 크 기	각 도 이 고
뿔 각 하 고	법 도 도 에	그 릇 기 는	각 도 기 며
뿔 각 눈 설	사 탕 탕 은	직 육 면 체	각 설 탕 과
떨 어 질 거	때 놓 을 리	떨 어 진 길	거 리 이 며
검 사 할 검	셀 산 하 면	계 산 확 인	검 산 이 고
수 를 셈 해	값 을 치 룬	셀 계 셀 산	계 산 이 며
셀 계 셀 산	그 릇 기 는	계 산 기 구	계 산 기 고
셀 계 셀 산	법 식 하 면	계 산 의 식	이 계 산 식

📍 이제는 한자로 쓰인 한자어 가사도 쉽게 읽을 수 있어요~~^^

값 價 에 다	格 式 格 은	物 件 價 値	價 格 이 고
各 各 各 과	各 各 各 은	따 로 따 로	各 各 이 며
뿔 角 에 다	法 度 度 는	角 의 크 기	角 度 이 고
뿔 角 하 고	法 度 度 에	그 릇 器 는	角 度 器 며
뿔 角 눈 雪	沙 糖 糖 은	直 六 面 體	角 雪 糖 과
떨 어 질 距	때 놓 을 離	떨 어 진 길	距 離 이 며
檢 查 할 檢	셀 算 하 면	計 算 確 認	檢 算 이 고
數 를 셈 해	값 을 치 룬	셀 計 셀 算	計 算 이 며
셀 計 셀 算	그 릇 器 는	計 算 器 具	計 算 器 고
셀 計 셀 算	법 式 하 면	計 算 의 式	이 計 算 式

價 格 가격

價 값 **가** + 格 격식 **격** = 價格

값[價]으로 물건의 격식을[格] 나타낸 것이 價格이다.

물건이 지니고 있는 교환 가치를 화폐의 단위로 나타낸 것.

❀ 다음 빈칸에 한자어의 독음과 한자를 예쁘게 써 보세요.

價格 [　] / 價 [　] + 格 [　]

식료품의 價格이 올랐다.

價	格	價	格						

各 各 각각

各 각각 **각** + 各 각각 **각** = 各各

각각[각]이고 각각[각]이니 各各이다.

사람이나 물건의 하나하나.

❀ 다음 빈칸에 한자어의 독음과 한자를 예쁘게 써 보세요.

各各 [　] / 各 [　] + 各 [　]

인사가 끝난 후 우리는 各各 제 자리로 갔다.

各	各	各	各						

角 度　각도

角 뿔 **각** + 度 법도 **도** = 角度

암기비법　뿔[角]의 벌어진 정도[度]가 角度이다.

사전풀이　한 점에서 갈려 나간 두 직선의 벌어진 정도.

❀ 다음 빈칸에 한자어의 독음과 한자를 예쁘게 써 보세요.

角度 [　] / 角 [　] + 度 [　]

독음연습　산수 시간에 삼각형 한 모서리의 角度를 재는 방법을 배웠다.

角	度	角	度				

角 度 器　각도기

角 뿔 **각** + 度 법도 **도** + 器 그릇 **기** = 角度器

암기비법　각도[角度]를 재는 기구[器]가 角度器이다.

사전풀이　각의 크기를 재는 도구.

❀ 다음 빈칸에 한자어의 독음과 한자를 예쁘게 써 보세요.

角度器 [　] / 角 [　] + 度 [　] + 器 [　]

독음연습　이 角度器는 소수점 이하의 각도도 잴 수 있다.

角	度	器	角	度	器		

角雪糖 각설탕

角 뿔 **각** + 雪 눈 **설** + 糖 사탕 **탕** = 角雪糖

(암기비법) 네모나게 각[角]이 진 설탕[雪糖]이 角雪糖이다.

(사전풀이) 작은 정육면체의 덩어리로 된 설탕.

❀ 다음 빈칸에 한자어의 독음과 한자를 예쁘게 써 보세요.

| 角雪糖 | | / | 角 | | + | 雪 | | + | 糖 | |

(독음연습) 고모는 커피에 角雪糖을 3개를 넣어 마신다.

角	雪	糖	角	雪	糖						

距離 거리

距 떨어질 **거** + 離 떼놓을 **리** = 距離

(암기비법) 떨어지고[距] 떼어진[離] 길이가 距離이다.

(사전풀이) 두 개의 물건이나 장소 따위가 공간적으로 떨어진 길이.

❀ 다음 빈칸에 한자어의 독음과 한자를 예쁘게 써 보세요.

| 距離 | | / | 距 | | + | 離 | |

(독음연습) 시청에서 박물관까지의 距離는 약 1.5킬로미터이다.

距	離	距	離						

檢 算 검산

檢 검사할 **검** + 算 셀 **산** = 檢算

검사하기[檢] 위해 다시 셈하는[算] 것이 檢算이다.

계산의 결과가 맞는지를 살펴보기 위해 다시 계산함.

❀ 다음 빈칸에 한자어의 독음과 한자를 예쁘게 써 보세요.

檢算 [　　] / 檢 [　　] + 算 [　　]

이모는 가게방에서 오늘 매출액을 檢算하고 있었다.

檢	算	檢	算						

計 算 계산

計 셀 **계** + 算 셀 **산** = 計算

수를 세어서[計] 헤아리는[算] 것이 計算이다.

주어진 수나 식을 연산의 법칙에 따라 처리하여 수치를 구함.

❀ 다음 빈칸에 한자어의 독음과 한자를 예쁘게 써 보세요.

計算 [　　] / 計 [　　] + 算 [　　]

다음의 수를 計算하여 알맞은 답을 쓰시오.

計	算	計	算						

計算器 계산기

計 셀 계 + 算 셀 산 + 器 그릇 기 = 計算器

계산[計算]하는 기구[器]가 計算器이다.

각종 계산을 정확하고 빨리 하도록 만든 기기.

✿ 다음 빈칸에 한자어의 독음과 한자를 예쁘게 써 보세요.

計算器 [ ] / 計 [ ] + 算 [ ] + 器 [ ]

요즈음 학생들은 計算器를 이용해 산수 숙제를 하는 경우도 있다.

計	算	器	計	算	器				

計算式 계산식

計 셀 계 + 算 셀 산 + 式 법 식 = 計算式

계산하는[計算] 식[式]이 計算式이다.

계산하는 식.

✿ 다음 빈칸에 한자어의 독음과 한자를 예쁘게 써 보세요.

計算式 [ ] / 計 [ ] + 算 [ ] + 式 [ ]

다음의 計算式을 컴퓨터를 활용하여 해결하세요.

計	算	式	計	算	式				

▶▶▶

1. 다음 ☐☐안에 알맞은 한자어를 <보기>에서 찾아 써 보세요.

보기	計算器 各各 檢算 角度器 距離 計算 角度 價格 計算式 角雪糖

값 가 에 다	격 식 격 은	물 건 가 치		이 고
각 각 각 과	각 각 각 은	따 로 따 로		이 며
뿔 각 에 다	법 도 도 는	각 의 크 기		이 고
뿔 각 하 고	법 도 도 에	그 릇 기 는		며
뿔 각 눈 설	사 탕 탕 은	직 육 면 체		과
떨 어 질 거	떼 놓 을 리	떨 어 진 길		이 며
검 사 할 검	셀 산 하 면	계 산 확 인		이 고
수 를 셈 해	값 을 치 룬	셀 계 셀 산		이 며
셀 계 셀 산	그 릇 기 는	계 산 기 구		고
셀 계 셀 산	법 식 하 면	계 산 의 식	이	

2. 다음 한자어의 뜻을 써 보세요.

① 價格 _____   ⑥ 距離 _____

② 各各 _____   ⑦ 檢算 _____

③ 角度 _____   ⑧ 計算 _____

④ 角度器 _____   ⑨ 計算器 _____

⑤ 角雪糖 _____   ⑩ 計算式 _____

3. 다음 한자어의 독음을 쓰고, 한자를 예쁘게 써 보세요.

	한자어	독음	쓰기
①	價格		價 格 價 格
②	各各		各 各 各 各
③	角度		角 度 角 度
④	角度器		角 度 器 角 度 器
⑤	角雪糖		角 雪 糖 角 雪 糖
⑥	距離		距 離 距 離
⑦	檢算		檢 算 檢 算
⑧	計算		計 算 計 算
⑨	計算器		計 算 器 計 算 器
⑩	計算式		計 算 式 計 算 式

4. 다음 한자어에 독음과 알맞은 뜻을 바르게 연결하세요.

① 檢算 ·   · 각도 ·   · 주어진 수나 식을 연산의 법칙에 따라 처리하여 수치를 구함.

② 計算 ·   · 계산 ·   · 한 점에서 갈려 나간 두 직선의 벌어진 정도.

③ 角度 ·   · 검산 ·   · 물건이 지니고 있는 교환 가치를 화폐의 단위로 나타낸 것.

④ 價格 ·   · 각각 ·   · 사람이나 물건의 하나하나.

⑤ 各各 ·   · 가격 ·   · 계산의 결과가 맞는지를 살펴보기 위해 다시 계산함.

한글로 된 가사를 노래로 부르면 한자어의 뜻이 쉽게 이해돼요.

과 일 과 에	물 건 자 면	간 식 음 식	과 자 이 고
빗 장 관 에	맬 계 하 면	서 로 걸 림	관 계 이 며
법 규 에 다	법 칙 칙 은	정 한 법 칙	규 칙 이 고
기 운 기 에	따 뜻 할 온	대 기 온 도	기 온 이 며
많 을 다 에	뿔 각 하 고	모 양 형 은	다 각 형 과
대 할 대 에	뿔 각 줄 선	맞 모 금 인	대 각 선 은
대 할 대 에	응 할 응 은	짝 이 되 는	대 응 이 고
그 림 도 에	모 양 형 은	그 림 모 양	도 형 이 며
본 뜰 모 에	거 푸 집 형	실 물 모 방	모 형 이 고
물 을 문 에	제 목 제 는	해 답 필 요	문 제 이 다

이제는 한자로 쓰인 한자어 가사도 쉽게 읽을 수 있어요~~^^

과 일 菓 에	物 件 子 면	間 食 飮 食	菓 子 이 고
빗 장 關 에	맬 係 하 면	서 로 걸 림	關 係 이 며
法 規 에 다	法 則 則 은	定 한 法 則	規 則 이 고
氣 運 氣 에	따 뜻 할 溫	大 氣 溫 度	氣 溫 이 며
많 을 多 에	뿔 角 하 고	模 樣 形 은	多 角 形 과
對 할 對 에	뿔 角 줄 線	맞 모 금 인	對 角 線 은
對 할 對 에	應 할 應 은	짝 이 되 는	對 應 이 고
그 림 圖 에	模 樣 形 은	그 림 模 樣	圖 形 이 며
본 뜰 模 에	거 푸 집 型	實 物 模 倣	模 型 이 고
물 을 問 에	題 目 題 는	解 答 必 要	問 題 이 다

菓 子　과자

菓 과일 **과** + 子 물건 **자** = 菓子

과자[菓]라는 물건[子]이 菓子이다.

쌀가루 등에 설탕 따위를 섞어 굽거나 기름에 튀겨서 만든 음식.

❀ 다음 빈칸에 한자어의 독음과 한자를 예쁘게 써 보세요.

菓子 [　] / 菓 [　] + 子 [　]

나는 가게에 가서 아이스크림과 菓子를 사다가 먹었다.

菓	子	菓	子						

關 係　관계

關 빗장 **관** + 係 맬 **계** = 關係

빗장[關]처럼 매어[係]있는 것이 關係이다.

둘 또는 여러 대상이 서로 연결되어 얽혀 있음.

❀ 다음 빈칸에 한자어의 독음과 한자를 예쁘게 써 보세요.

關係 [　] / 關 [　] + 係 [　]

그는 친구 關係가 참 좋은 것 같다.

關	係	關	係						

規 則　규칙

規 법 규 ＋ 則 법칙 칙 ＝ 規則

법[規]이나 법칙[則]이 規則이다.

다 함께 지키기로 정한 사항이나 법칙.

❀ 다음 빈칸에 한자어의 독음과 한자를 예쁘게 써 보세요.

規則 [　　] / 規 [　　] ＋ 則 [　　]

規則적인 생활은 정신과 육체를 건강하게 한다.

規	則	規	則						

氣 溫　기온

氣 기운 기 ＋ 溫 따뜻할 온 ＝ 氣溫

대기[氣]의 온도[溫]가 氣溫이다.

대기의 온도.

❀ 다음 빈칸에 한자어의 독음과 한자를 예쁘게 써 보세요

氣溫 [　　] / 氣 [　　] ＋ 溫 [　　]

오늘 아침 氣溫이 갑자기 떨어져서 코트를 꺼내 입었다.

氣	溫	氣	溫						

多角形 다각형

多 많을 다 + 角 뿔 각 + 形 모양 형 = 多角形

많은[多] 각[角]으로 이루어진 도형[形]이 多角形이다.

셋 이상의 직선으로 에워싸인 평면 도형.

❀ 다음 빈칸에 한자어의 독음과 한자를 예쁘게 써 보세요.

多角形 [ ] / 多 [ ] + 角 [ ] + 形 [ ]

수학에서 말하는 변이란 多角形 변두리의 선분을 말한다.

多 角 形 多 角 形

對角線 대각선

對 대할 대 + 角 뿔 각 + 線 줄 선 = 對角線

마주대하는[對] 뿔[角]을 이어주는 선[線]이 對角線이다.

다각형에서 이웃하지 않는 두 꼭짓점을 잇는 선분.

❀ 다음 빈칸에 한자어의 독음과 한자를 예쁘게 써 보세요.

對角線 [ ] / 對 [ ] + 角 [ ] + 線 [ ]

정사각형의 對角線을 연결하는 선을 그으면 어떤 모양이 나올까?

對 角 線 對 角 線

對應 대응

| 對 | 대할 | 대 | + | 應 | 응할 | 응 | = | 對應 |

대하여[對] 응하는[應] 것이 對應이다.

어떤 일이나 사태에 나름대로의 태도나 행동을 취함.

✿ 다음 빈칸에 한자어의 독음과 한자를 예쁘게 써 보세요.

| 對應 | | / | 對 | | + | 應 | |

두 집합의 원소끼리 짝을 이루는 일을 對應이라고 한다.

| 對 | 應 | 對 | 應 | | | | | | |

圖形 도형

| 圖 | 그림 | 도 | + | 形 | 모양 | 형 | = | 圖形 |

그림[圖]의 모양[形]이 圖形이다.

점, 선, 면 따위가 모여 이루어진 사각형이나 원, 구 따위의 것.

✿ 다음 빈칸에 한자어의 독음과 한자를 예쁘게 써 보세요.

| 圖形 | | / | 圖 | | + | 形 | |

이 그림에는 이해할 수 없는 圖形들로 가득 채워졌다.

| 圖 | 形 | 圖 | 形 | | | | | | |

模 型　모형

模 본뜰 모 ＋ 型 거푸집 형 ＝ 模型

실물을 본뜬[模] 거푸집[型]이 模型이다.

실물을 본떠서 만든 물건.

❀ 다음 빈칸에 한자어의 독음과 한자를 예쁘게 써 보세요.

模型 　　 / 模 　　 ＋ 型 　　

나는 模型 비행기를 조립해서 공원으로 나갔다.

模	型	模	型					

問 題　문제

問 물을 문 ＋ 題 제목 제 ＝ 問題

물어보는[問] 제목[題]이 問題이다.

해답을 요구하는 물음.

❀ 다음 빈칸에 한자어의 독음과 한자를 예쁘게 써 보세요.

問題 　　 / 問 　　 ＋ 題 　　

다음 글을 읽고 問題를 잘 풀어보세요.

問	題	問	題					

1. 다음 ☐☐안에 알맞은 한자어를 <보기>에서 찾아 써 보세요.

보기	對角線 關係 圖形 氣溫 多角形 對應 菓子 模型 問題 規則

과 일 과 에	물 건 자 면	간 식 음 식		이 고
빗 장 관 에	맬 계 하 면	서 로 걸 림		이 며
법 규 에 다	법 칙 칙 은	정 한 법 칙		이 고
기 운 기 에	따 뜻 할 온	대 기 온 도		이 며
많 을 다 에	뿔 각 하 고	모 양 형 은		과
대 할 대 에	뿔 각 줄 선	맞 모 금 인		은
대 할 대 에	응 할 응 은	짝 이 되 는		이 고
그 림 도 에	모 양 형 은	그 림 모 양		이 며
본 뜰 모 에	거 푸 집 형	실 물 모 방		이 고
물 을 문 에	제 목 제 는	해 답 필 요		이 다

2. 다음 한자어의 뜻을 써 보세요.

① 菓子 ☐

② 關係 ☐

③ 規則 ☐

④ 氣溫 ☐

⑤ 多角形 ☐

⑥ 對角線 ☐

⑦ 對應 ☐

⑧ 圖形 ☐

⑨ 模型 ☐

⑩ 問題 ☐

3. 다음 한자어의 독음을 쓰고, 한자를 예쁘게 써 보세요.

①	菓子		菓	子	菓	子		
②	關係		關	係	關	係		
③	規則		規	則	規	則		
④	氣溫		氣	溫	氣	溫		
⑤	多角形		多	角	形	多	角	形
⑥	對角線		對	角	線	對	角	線
⑦	對應		對	應	對	應		
⑧	圖形		圖	形	圖	形		
⑨	模型		模	型	模	型		
⑩	問題		問	題	問	題		

4. 다음 한자어에 독음과 알맞은 뜻을 바르게 연결하세요.

① 規則	•	• 기온	•	• 해답을 요구하는 물음.
② 問題	•	• 규칙	•	• 실물을 본떠서 만든 물건.
③ 模型	•	• 문제	•	• 어떤 일이나 사태에 나름대로의 태도나 행동을 취함.
④ 對應	•	• 모형	•	• 대기의 온도.
⑤ 氣溫	•	• 대응	•	• 다 함께 지키기로 정한 사항이나 법칙.

未滿 * 範圍 * 比較 * 四角形 * 三角形
箱子 * 色鉛筆 * 線分 * 性質 * 小數

📍 한글로 된 가사를 노래로 부르면 한자어의 뜻이 쉽게 이해돼요.

아 닐 미 에	찰 만 이 면	차 지 못 함	미 만 이 고
법 범 하 고	들 레 위 는	정 한 구 역	범 위 이 며
견 줄 비 에	견 줄 교 는	견 준 다 는	비 교 이 고
넉 사 뿔 각	모 양 형 은	네 모 모 양	사 각 형 과
석 삼 뿔 각	모 양 형 은	세 모 모 양	삼 각 형 이
상 자 상 에	물 건 자 는	물 건 담 는	상 자 이 고
빛 색 납 연	붓 필 하 면	색 깔 연 필	색 연 필 과
줄 선 에 다	나 눌 분 은	두 점 한 정	선 분 이 며
성 품 성 에	바 탕 질 은	마 음 바 탕	성 질 이 고
작 을 소 에	셈 수 하 면	영 보 다 큰	소 수 이 다

📍 이제는 한자로 쓰인 한자어 가사도 쉽게 읽을 수 있어요~~^^

아 닐 未 에	찰 滿 이 면	차 지 못 함	未 滿 이 고
法 範 하 고	들 레 圍 는	定 한 區 域	範 圍 이 며
견 줄 比 에	견 줄 較 는	견 준 다 는	比 較 이 고
넉 四 뿔 角	模 樣 形 은	네 모 模 樣	四 角 形 과
석 三 뿔 角	模 樣 形 은	세 모 模 樣	三 角 形 이
箱 子 箱 에	物 件 子 는	物 件 담 는	箱 子 이 고
빛 色 납 鉛	붓 筆 하 면	色 깔 鉛 筆	色 鉛 筆 과
줄 線 에 다	나 눌 分 은	두 點 限 定	線 分 이 며
性 品 性 에	바 탕 質 은	마 음 바 탕	性 質 이 고
작 을 小 에	셈 數 하 면	零 보 다 큰	小 數 이 다

未 滿 미만

未 아닐 미 + 滿 찰 만 = 未滿

차지[滿] 아니한[未] 것이 未滿이다.

정한 수효나 정도에 차지 못함.

❀ 다음 빈칸에 한자어의 독음과 한자를 예쁘게 써 보세요.

| 未滿 | | / | 未 | | + | 滿 | |

한 반에 학생의 수가 20명 未滿이 수업에 효과적이라고 한다.

| 未 | 滿 | 未 | 滿 | | | | | | |

範 圍 범위

範 법 범 + 圍 둘레 위 = 範圍

법[範]의 둘레[圍]가 範圍이다.

포괄하는 구역의 언저리.

❀ 다음 빈칸에 한자어의 독음과 한자를 예쁘게 써 보세요.

| 範圍 | | / | 範 | | + | 圍 | |

그 배우는 활동 範圍가 매우 넓은 것 같다.

| 範 | 圍 | 範 | 圍 | | | | | | |

比 較　비교

比 견줄 **비** + 較 견줄 **교** = 比較

견주어[比] 살피는[較] 것이 比較이다.

둘 이상의 것을 견주어 공통점이나 차이점, 우열을 살핌.

❀ 다음 빈칸에 한자어의 독음과 한자를 예쁘게 써 보세요.

比較 [　　] / 比 [　　] + 較 [　　]

친구와 比較하면서 꾸지람하면 역효과를 가져올 수 있다.

比	較	比	較				

四角形　사각형

四 넉 **사** + 角 뿔 **각** + 形 모양 **형** = 四角形

네[四] 개의 꼭짓점[角]이 있는 도형[形]이 四角形이다.

네 개의 꼭짓점이 있고 네 개의 선분으로 둘러싸인 평면 도형.

❀ 다음 빈칸에 한자어의 독음과 한자를 예쁘게 써 보세요.

四角形 [　　] / 四 [　] + 角 [　] + 形 [　]

이번 시간에는 四角形이라는 도형에 대해서 공부했다.

四	角	形	四	角	形			

三角形 삼각형

三 석 삼 + 角 뿔 각 + 形 모양 형 = 三角形

세[三] 개의 꼭지점[角]이 있는 도형[形]이 三角形이다.

일직선 위에 있지 않은 세 점을 연결한 직선으로 이루어진 평면 도형.

❀ 다음 빈칸에 한자어의 독음과 한자를 예쁘게 써 보세요.

三角形 [ ] / 三 [ ] + 角 [ ] + 形 [ ]

三角形의 세 각의 합은 180도이다.

三	角	形	三	角	形				

箱子 상자

箱 상자 상 + 子 물건 자 = 箱子

상자[箱]라는 물건[子]이 箱子이다.

나무, 대, 종이 같은 것으로 만든 네모난 그릇.

❀ 다음 빈칸에 한자어의 독음과 한자를 예쁘게 써 보세요.

箱子 [ ] / 箱 [ ] + 子 [ ]

어머니는 철지난 옷들을 箱子에 넣어 보관하셨다.

箱	子	箱	子					

色鉛筆 색연필

色 빛 색 + 鉛 납 연 + 筆 붓 필 = 色鉛筆

빛깔[色]이 있는 연필[鉛筆]이 色鉛筆이다.

빛깔이 있는 심을 넣어 만든 연필.

✿ 다음 빈칸에 한자어의 독음과 한자를 예쁘게 써 보세요.

色鉛筆 [　　　] / 色 [　　] + 鉛 [　　] + 筆 [　　]

수십 가지 빛깔의 色鉛筆을 가지고 다니는 아이가 부러웠다.

色	鉛	筆	色	鉛	筆				

線 分 선분

線 줄 선 + 分 나눌 분 = 線分

줄[線] 위에서 나뉜 부분[分]이 線分이다.

직선 위에서 그 위의 두 점 사이에 한정된 부분.

✿ 다음 빈칸에 한자어의 독음과 한자를 예쁘게 써 보세요.

線分 [　　　] / 線 [　　] + 分 [　　]

대응하는 점을 잇는 線分은 평행이고 길이가 같다.

線	分	線	分					

性 質 성질

性 성품 성 + 質 바탕 질 = 性質

타고난 성품[性]의 본바탕[質]이 性質이다.

사람이 지닌 마음의 본바탕.

❀ 다음 빈칸에 한자어의 독음과 한자를 예쁘게 써 보세요.

性質 　　 / 性 　　 + 質 　　

동생은 아침부터 까닭 없이 性質을 부렸다.

性	質	性	質						

小 數 소수

小 작을 소 + 數 셈 수 = 小數

0보다 크고 1보다 작은[小] 실수[數]가 小數이다.

0보다 크고 1보다 작은 실수. 0 다음에 점을 찍어 나타낸다.

❀ 다음 빈칸에 한자어의 독음과 한자를 예쁘게 써 보세요.

小數 　　 / 小 　　 + 數 　　

다음의 수를 小數 첫째 자리에서 반올림을 해 보시오.

小	數	小	數						

1. 다음 ☐☐안에 알맞은 한자어를 <보기>에서 찾아 써 보세요.

三角形 範圍 箱子 小數 比較 四角形 線分 未滿 性質 色鉛筆

아 닐 미 에	찰 만 이 면	차 지 못 함		이 고
법 범 하 고	둘 레 위 는	정 한 구 역		이 며
견 줄 비 에	견 줄 교 는	견 준 다 는		이 고
넉 사 뿔 각	모 양 형 은	네 모 모 양		과
석 삼 뿔 각	모 양 형 은	세 모 모 양		이
상 자 상 에	물 건 자 는	물 건 담 는		이 고
빛 색 납 연	붓 필 하 면	색 깔 연 필		과
줄 선 에 다	나 눌 분 은	두 점 한 정		이 며
성 품 성 에	바 탕 질 은	마 음 바 탕		이 고
작 을 소 에	셈 수 하 면	영 보 단 큰		이 다

2. 다음 한자어의 뜻을 써 보세요.

① 未滿

② 範圍

③ 比較

④ 四角形

⑤ 三角形

⑥ 箱子

⑦ 色鉛筆

⑧ 線分

⑨ 性質

⑩ 小數

3. 다음 한자어의 독음을 쓰고, 한자를 예쁘게 써 보세요.

	한자어	독음	한자 쓰기			
①	未滿		未	滿	未	滿
②	範圍		範	圍	範	圍
③	比較		比	較	比	較
④	四角形		四	角	形	四 角 形
⑤	三角形		三	角	形	三 角 形
⑥	箱子		箱	子	箱	子
⑦	色鉛筆		色	鉛	筆	色 鉛 筆
⑧	線分		線	分	線	分
⑨	性質		性	質	性	質
⑩	小數		小	數	小	數

4. 다음 한자어에 독음과 알맞은 뜻을 바르게 연결하세요.

① 範圍 • · 선분 • · 사람이 지닌 마음의 본바탕.

② 比較 • · 성질 • · 직선 위에서 그 위의 두 점 사이에 한정된 부분.

③ 線分 • · 상자 • · 나무, 대, 종이 같은 것으로 만든 네모난 그릇.

④ 性質 • · 범위 • · 둘 이상의 것을 견주어 공통점이나 차이점, 우열을 살핌.

⑤ 箱子 • · 비교 • · 포괄하는 구역의 언저리.

垂線 ＊ 垂直 ＊ 垂直線 ＊ 數學 ＊ 順序
時刻 ＊ 新聞 ＊ 約數 ＊ 完成 ＊ 移動

📍 한글로 된 가사를 노래로 부르면 한자어의 뜻이 쉽게 이해돼요.

드 리 울 수	줄 선 이 면	수 직 직 선	수 선 이 고
드 리 울 수	곧 을 직 은	직 각 상 태	수 직 이 며
드 리 울 수	곧 을 직 에	줄 선 하 면	수 직 선 과
셈 수 하 여	배 울 학 은	숫 자 학 문	수 학 이 고
순 할 순 에	차 례 서 는	선 후 나 열	순 서 이 며
때 시 마 다	새 길 각 은	시 간 새 겨	시 각 이 고
새 신 에 다	들 을 문 은	새 로 듣 는	신 문 이 며
뮤 을 약 에	셈 수 하 면	나 눈 정 수	약 수 이 고
완 전 할 완	이 룰 성 은	완 전 이 룸	완 성 이 며
옮 길 이 에	움 직 일 동	움 직 여 감	이 동 이 다

📍 이제는 한자로 쓰인 한자어 가사도 쉽게 읽을 수 있어요~~^^

드 리 울 垂	줄 線 이 면	垂 直 直 線	垂 線 이 고
드 리 울 垂	곧 을 直 은	直 角 狀 態	垂 直 이 며
드 리 울 垂	곧 을 直 에	줄 線 하 면	垂 直 線 과
셈 數 하 여	배 울 學 은	數 字 學 問	數 學 이 고
順 할 順 에	次 例 序 는	先 後 羅 列	順 序 이 며
때 時 마 다	새 길 刻 은	時 間 새 겨	時 刻 이 고
새 新 에 다	들 을 聞 은	새 로 듣 는	新 聞 이 며
뮤 을 約 에	셈 數 하 면	나 눈 整 數	約 數 이 고
完 全 할 完	이 룰 成 은	完 全 이 룸	完 成 이 며
옮 길 移 에	움 직 일 動	움 직 여 감	移 動 이 다

垂線　수선

垂 드리울 수 ＋ 線 줄 선 ＝ 垂線

드리워진[垂] 선[線]이 垂線이다.

어느 직선 또는 평면에 수직으로 마주치는 직선.

❀ 다음 빈칸에 한자어의 독음과 한자를 예쁘게 써 보세요.

垂線 [　] / 垂 [　] ＋ 線 [　]

垂線을 찾는 방법을 이야기 해 봅시다.

垂	線	垂	線				

垂直　수직

垂 드리울 수 ＋ 直 곧을 직 ＝ 垂直

드리워진[垂] 선이 평면과 곧은[直] 각을 이루면 垂直이다.

수직과 직선, 직선과 평면, 평면과 평면 등이 만나 서로 직각을 이루는 상태.

❀ 다음 빈칸에 한자어의 독음과 한자를 예쁘게 써 보세요.

垂直 [　] / 垂 [　] ＋ 直 [　]

나무 막대와 垂直이 되도록 붙임 딱지를 붙여 봅시다.

垂	直	垂	直				

垂直線 수직선

垂 드리울 수 + 直 곧을 직 + 線 줄 선 = 垂直線

 평면과 직각으로[直] 드리워진[垂] 선[線]이 垂直線이다.

한 직선이나 평면과 직각으로 마주치는 선.

❀ 다음 빈칸에 한자어의 독음과 한자를 예쁘게 써 보세요.

垂直線 [　　] / 垂 [　] + 直 [　] + 線 [　]

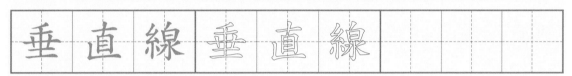 이상과 이하를 넣어 垂直線에 나타내어 봅시다.

垂	直	線	垂	直	線				

數 學 수학

數 셈 수 + 學 배울 학 = 數學

셈[數]에 관한 학문[學]이 數學이다.

수와 양 및 공간의 성질에 관하여 연구하는 학문.

❀ 다음 빈칸에 한자어의 독음과 한자를 예쁘게 써 보세요.

數學 [　　] / 數 [　] + 學 [　]

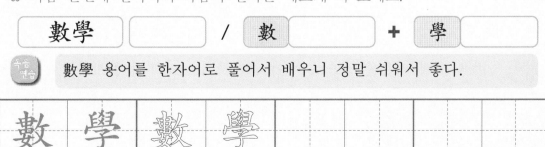 數學 용어를 한자어로 풀어서 배우니 정말 쉬워서 좋다.

數	學	數	學				

順 序 순서

順 순할 순 + 序 차례 서 = 順序

순서[順]와 차례[序]가 順序이다.

정하여진 기준에서 말하는 전후, 좌우, 상하 따위의 차례 관계.

❀ 다음 빈칸에 한자어의 독음과 한자를 예쁘게 써 보세요.

| 順序 | | / | 順 | | + | 序 | |

이것으로써 오늘 順序를 모두 마치겠습니다.

| 順 | 序 | 順 | 序 | | | | | |

時 刻 시각

時 때 시 + 刻 새길 각 = 時刻

때[時]를 새겨놓은[刻] 것이 時刻이다.

시간의 어느 한 시점.

❀ 다음 빈칸에 한자어의 독음과 한자를 예쁘게 써 보세요.

| 時刻 | | / | 時 | | + | 刻 | |

각 時刻의 기온을 점으로 찍어 그래프에 나타내어 봅시다.

| 時 | 刻 | 時 | 刻 | | | | | |

新 聞 신문

新 새 신 + 聞 들을 문 = 新聞

새로운[新] 견문[聞]이 新聞이다.

세상에서 일어나는 새로운 사건이나 사실을 알리고 해설하는 정기 간행물.

✿ 다음 빈칸에 한자어의 독음과 한자를 예쁘게 써 보세요.

新聞 [　] / 新 [　] + 聞 [　]

요즈음은 바빠서 新聞 읽을 시간도 없다.

新	聞	新	聞						

約 數 약수

約 맺을 약 + 數 셈 수 = 約數

약속[約]한 수[數]가 約數이다.

어떤 정수를 나머지 없이 나눌 수 있는 정수를 원래의 수에 대하여 이르는 말.

✿ 다음 빈칸에 한자어의 독음과 한자를 예쁘게 써 보세요.

約數 [　] / 約 [　] + 數 [　]

예를 들어 3은 6의 約數인데 비슷한 말은 맞줄임수이다.

約	數	約	數						

完 成　완성

完 완전할 **완** ＋ 成 이룰　**성** ＝ 完成

완전하게[完] 이루어[成]내는 것이 完成이다.

어떤 일을 다 이루어 완전한 것으로 만듦.

❀ 다음 빈칸에 한자어의 독음과 한자를 예쁘게 써 보세요.

完成 ＿＿＿ ／ 完 ＿＿＿ ＋ 成 ＿＿＿

우리 모둠은 힘을 합쳐서 학급 문집을 完成했다.

完	成	完	成				

移 動　이동

移 옮길 **이** ＋ 動 움직일　**동** ＝ 移動

옮기어[移] 움직이는[動] 것이 移動이다.

움직여 옮김.

❀ 다음 빈칸에 한자어의 독음과 한자를 예쁘게 써 보세요.

移動 ＿＿＿ ／ 移 ＿＿＿ ＋ 動 ＿＿＿

우리는 철새들의 移動 경로를 관찰해 보기로 했다.

移	動	移	動				

1. 다음 ⬚⬚안에 알맞은 한자어를 <보기>에서 찾아 써 보세요.

보기	垂直 移動 時刻 順序 新聞 垂直線 約數 垂線 完成 數學

드 리 울 수	줄 선 이 면	수 직 직 선		이 고
드 리 울 수	곧 을 직 은	직 각 상 태		이 며
드 리 울 수	곧 을 직 에	줄 선 하 면		이
셈 수 하 여	배 울 학 은	숫 자 학 문		이 고
순 할 순 에	차 례 서 는	선 후 나 열		이 며
때 시 마 다	새 길 각 은	시 간 새 겨		이 고
새 신 에 다	들 을 문 은	새 로 듣 는		이 며
묶 을 약 에	셈 수 하 면	나 눈 정 수		이 고
완 전 할 완	이 룰 성 은	완 전 이 룸		이 며
옮 길 이 에	움 직 일 동	움 직 여 감		이 다

2. 다음 한자어의 뜻을 써 보세요.

① 垂線

② 垂直

③ 垂直線

④ 數學

⑤ 順序

⑥ 時刻

⑦ 新聞

⑧ 約數

⑨ 完成

⑩ 移動

3. 다음 한자어의 독음을 쓰고, 한자를 예쁘게 써 보세요.

①	垂線		垂	線	垂	線		
②	垂直		垂	直	垂	直		
③	垂直線		垂	直	線	垂	直	線
④	數學		數	學	數	學		
⑤	順序		順	序	順	序		
⑥	時刻		時	刻	時	刻		
⑦	新聞		新	聞	新	聞		
⑧	約數		約	數	約	數		
⑨	完成		完	成	完	成		
⑩	移動		移	動	移	動		

4. 다음 한자어에 독음과 알맞은 뜻을 바르게 연결하세요.

① 垂線 ・ ・ 신문 ・ ・ 움직여 옮김.

② 移動 ・ ・ 수학 ・ ・ 어떤 일을 다 이루어 완전한 것으로 만듦.

③ 完成 ・ ・ 수선 ・ ・ 세상에서 일어나는 새로운 사건이나 사실을 알리고 해설하는 정기 간행물.

④ 新聞 ・ ・ 이동 ・ ・ 수와 양 및 공간의 성질에 관하여 연구하는 학문.

⑤ 數學 ・ ・ 완성 ・ ・ 어느 직선 또는 평면에 수직으로 마주치는 직선.

과학

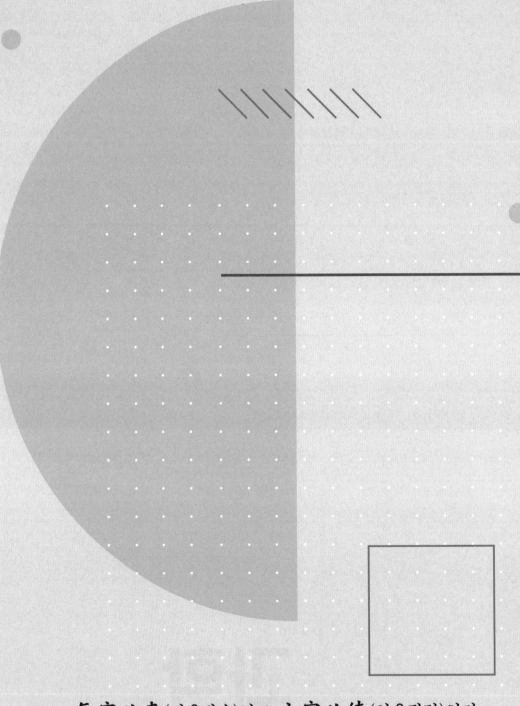

氣容必肅(기용필숙)하고 立容必德(입용필덕)하라

기운의 모습은 반드시 엄숙하게 하고,
어있는 모습은 반드시 덕스럽게 하라. 《인성보감》

한글로 된 가사를 노래로 부르면 한자어의 뜻이 쉽게 이해돼요.

빌 공 에 다	기 운 기 는	투 명 기 체	공 기 이 고
조 목 과 에	배 울 학 은	진 리 발 견	과 학 이 며
물 건 물 에	바 탕 질 은	물 체 바 탕	물 질 이 고
물 건 물 에	몸 체 하 면	형 태 가 진	물 체 이 며
어 떤 일 이	생 겨 남 이	필 발 날 생	발 생 이 고
변 할 변 에	될 화 하 면	바 뀌 어 진	변 화 이 며
봉 화 봉 에	부 싯 돌 수	돈 대 대 는	봉 수 대 고
나 늘 분 에	무 리 류 는	종 류 나 눔	분 류 이 며
나 늘 분 에	때 놓 을 리	서 로 나 눔	분 리 이 고
뿜 을 분 에	날 출 하 면	뿜 어 나 옴	분 출 이 다

이제는 한자로 쓰인 한자어 가사도 쉽게 읽을 수 있어요~~^^

빌 空 에 다	氣 運 氣 는	透 明 氣 體	空 氣 이 고
條 目 科 에	배 울 學 은	眞 理 發 見	科 學 이 며
物 件 物 에	바 탕 質 은	物 體 바 탕	物 質 이 고
物 件 物 에	몸 體 하 면	形 態 가 진	物 體 이 며
어 떤 일 이	생 겨 남 이	필 發 날 生	發 生 이 고
變 할 變 에	될 化 하 면	바 뀌 어 진	變 化 이 며
烽 火 烽 에	부 싯 돌 燧	墩 臺 臺 는	烽 燧 臺 고
나 늘 分 에	무 리 類 는	種 類 나 눔	分 類 이 며
나 늘 分 에	때 놓 을 離	서 로 나 눔	分 離 이 고
뿜 을 噴 에	날 出 하 면	뿜 어 나 옴	噴 出 이 다

空氣 공기

空 빌 공 + 氣 기운 기 = 空氣

빈 공간[空]에 있는 기체[氣]가 空氣이다.

지구를 둘러싼 대기의 하층부를 구성하는 무색, 무취의 투명한 기체.

❀ 다음 빈칸에 한자어의 독음과 한자를 예쁘게 써 보세요.

空氣 | | / 空 | + 氣 |

독음연습 나는 공부를 한 뒤 맑은 空氣를 마시러 뒷산에 올랐다.

空	氣	空	氣						

科學 과학

科 조목 과 + 學 배울 학 = 科學

조목조목[科] 밝혀내는 학문[學]이 科學이다.

보편적인 진리나 법칙의 발견을 목적으로 한 체계적인 지식.

❀ 다음 빈칸에 한자어의 독음과 한자를 예쁘게 써 보세요.

科學 | | / 科 | + 學 |

독음연습 나는 공상 科學 영화를 즐겨 본다.

科	學	科	學						

物 質

物 물건 물 + 質 바탕 질 = 物質

물체[物]의 바탕[質]이 物質이다.

물체를 이루는 본바탕.

❀ 다음 빈칸에 한자어의 독음과 한자를 예쁘게 써 보세요.

物質 [　　] / 物 [　　] + 質 [　　]

장마철을 틈타 오염 物質을 무단 방류하는 업체가 적발되었다.

物	質	物	質					

物 體   물체

物 물건 물 + 體 몸 체 = 物體

물건[物]의 형체[體]가 있는 것이 物體이다.

구체적인 형태를 가지고 존재하는 물건.

❀ 다음 빈칸에 한자어의 독음과 한자를 예쁘게 써 보세요.

物體 [　　] / 物 [　　] + 體 [　　]

의자 위에 낯선 物體가 놓여 있다.

物	體	物	體					

發生 발생

發 필 **발** + 生 날 **생** = 發生

피어나서[發] 생겨나는[生] 것이 發生이다.

어떤 대상이나 현상이 새로 생겨남.

❀ 다음 빈칸에 한자어의 독음과 한자를 예쁘게 써 보세요.

| 發生 | | / | 發 | | + | 生 | |

태풍의 發生을 미리 알아 피해를 최소화해야 한다.

| 發 | 生 | 發 | 生 | | | | | | |

變化 변화

變 변할 **변** + 化 될 **화** = 變化

변해서[變] 되어[化] 가는 것이 變化이다.

사물의 성질, 모양, 상태 따위가 바뀌어 달라짐.

❀ 다음 빈칸에 한자어의 독음과 한자를 예쁘게 써 보세요.

| 變化 | | / | 變 | | + | 化 | |

요즘 같은 때에는 날씨의 變化가 심하다.

| 變 | 化 | 變 | 化 | | | | | | |

烽燧臺 봉수대

烽 봉화 봉 + 燧 부싯돌 수 + 臺 돈대 대 = 烽燧臺

봉수[烽燧]를 올리는 돈대[臺]가 烽燧臺이다.

봉화를 올릴 수 있게 만들어 놓은 곳.

❀ 다음 빈칸에 한자어의 독음과 한자를 예쁘게 써 보세요.

烽燧臺 [   ] / 烽 [   ] + 燧 [   ] + 臺 [   ]

높은 산정에 烽燧臺를 설치하고 횃불과 연기로 위급한 일을 알렸다.

烽	燧	臺	烽	燧	臺				

分 類 분류

分 나눌 분 + 類 무리 류 = 分類

종류대로[類] 나누는[分] 것이 分類이다.

사물을 종류에 따라서 가름.

❀ 다음 빈칸에 한자어의 독음과 한자를 예쁘게 써 보세요.

分類 [   ] / 分 [   ] + 類 [   ]

이상의 分類를 다음의 표로 나타내보세요.

分	類	分	類				

分 離 분리

分 나눌 **분** + 離 떼놓을 **리** = 分離

나누어[分] 떨어지게[離]하는 것이 分離이다.

서로 나뉘어 떨어지거나 떨어지게 함.

❀ 다음 빈칸에 한자어의 독음과 한자를 예쁘게 써 보세요.

| 分離 | | / | 分 | | + | 離 | |

우리 아파트는 재활용품 分離수거 우수 아파트로 선정되었다.

| 分 | 離 | 分 | 離 | | | | | | |

噴 出 분출

噴 뿜을 **분** + 出 날 **출** = 噴出

뿜어[噴] 나오는[出] 것이 噴出이다.

액체나 기체 따위가 뿜어 나옴.

❀ 다음 빈칸에 한자어의 독음과 한자를 예쁘게 써 보세요.

| 噴出 | | / | 噴 | | + | 出 | |

이 돌들은 용암 噴出로 형성된 것이다.

| 噴 | 出 | 噴 | 出 | | | | | | |

1. 다음 □□안에 알맞은 한자어를 <보기>에서 찾아 써 보세요.

> **보기** 科學 分離 物質 發生 物體 烽燧臺 變化 分類 空氣 噴出

빌 공 에 다	기 운 기 는	투 명 기 체		이 고
조 목 과 에	배 울 학 은	진 리 발 견		이 며
물 건 물 에	바 탕 질 은	물 체 바 탕		이 고
물 건 물 에	몸 체 하 면	형 태 가 진		이 며
어 떤 일 이	생 겨 남 이	필 발 날 생		이 고
변 할 변 에	될 화 하 면	바 뀌 어 진		이 며
봉 화 봉 에	부 싯 돌 수	돈 대 대 는		고
나 눌 분 에	무 리 류 는	종 류 나 눔		이 며
나 눌 분 에	떼 놓 을 리	서 로 나 뉨		이 고
뿜 을 분 에	날 출 하 면	뿜 어 나 옴		이 다

2. 다음 한자어의 뜻을 써 보세요.

① 空氣 　　　　　　　　　　⑥ 變化

② 科學 　　　　　　　　　　⑦ 烽燧臺

③ 物質 　　　　　　　　　　⑧ 分類

④ 物體 　　　　　　　　　　⑨ 分離

⑤ 發生 　　　　　　　　　　⑩ 噴出

3. 다음 한자어의 독음을 쓰고, 한자를 예쁘게 써 보세요.

	한자어	독음						
①	空氣		空	氣	空	氣		
②	科學		科	學	科	學		
③	物質		物	質	物	質		
④	物體		物	體	物	體		
⑤	發生		發	生	發	生		
⑥	變化		變	化	變	化		
⑦	烽燧臺		烽	燧	臺	烽	燧	臺
⑧	分類		分	類	分	類		
⑨	分離		分	離	分	離		
⑩	噴出		噴	出	噴	出		

4. 다음 한자어에 독음과 알맞은 뜻을 바르게 연결하세요.

① 物質 ·   · 분리 ·   · 액체나 기체 따위가 뿜어 나옴.

② 噴出 ·   · 분출 ·   · 서로 나뉘어 떨어지거나 떨어지게 함.

③ 分離 ·   · 물질 ·   · 사물의 성질, 모양, 상태 따위가 바뀌어 달라짐.

④ 變化 ·   · 발생 ·   · 어떤 대상이나 현상이 새로 생겨남.

⑤ 發生 ·   · 변화 ·   · 물체를 이루는 본바탕.

한글로 된 가사를 노래로 부르면 한자어의 뜻이 쉽게 이해돼요.

형 상 상 에	모 양 태 는	물 건 모 양	상 태 이 고
물 수 찔 증	기 운 기 는	기 체 된 물	수 증 기 며
물 수 에 다	평 평 할 평	평 평 상 태	수 평 이 고
심 을 식 에	물 건 물 은	동 물 구 별	식 물 이 며
믿 을 신 에	이 름 호 는	내 용 전 달	신 호 이 고
열 매 실 에	시 험 할 험	관 찰 측 정	실 험 이 며
바 위 암 에	돌 석 하 면	바 윗 돌 이	암 석 이 고
부 피 있 고	형 태 없 는	진 액 몸 체	액 체 이 며
갈 연 하 여	궁 구 할 구	진 리 따 져	연 구 이 고
펼 연 하 고	연 극 극 은	무 대 예 술	연 극 이 다

이제는 한자로 쓰인 한자어 가사도 쉽게 읽을 수 있어요~~^^

形 狀 狀 에	模 樣 態 는	物 件 模 樣	狀 態 이 고
물 水 찔 蒸	氣 運 氣 는	氣 體 된 물	水 蒸 氣 며
물 水 에 다	平 平 할 平	平 平 狀 態	水 平 이 고
심 을 植 에	物 件 物 은	動 物 區 別	植 物 이 며
믿 을 信 에	이 름 號 는	內 容 傳 達	信 號 이 고
열 매 實 에	試 驗 할 驗	觀 察 測 定	實 驗 이 며
바 위 巖 에	돌 石 하 면	바 윗 돌 이	巖 石 이 고
부 피 있 고	形 態 없 는	津 液 몸 體	液 體 이 며
갈 研 하 여	窮 究 할 究	眞 理 따 져	研 究 이 고
펼 演 하 고	演 劇 劇 은	舞 臺 藝 術	演 劇 이 다

狀 態 상태

| 狀 | 형상 상 | + | 態 | 모양 태 | = | 狀態 |

암기비법 형상[狀]이나 모양[態]이 狀態이다.

사전풀이 어떤 사물이나 현상 따위가 일정한 때에 처해 있는 형편이나 모양.

❀ 다음 빈칸에 한자어의 독음과 한자를 예쁘게 써 보세요.

| 狀態 | | / | 狀 | | + | 態 | |

독음연습 나는 독감 때문에 요즘 건강 狀態가 좋지 않다.

| 狀 | 態 | 狀 | 態 | | | | | | |

水蒸氣 수증기

| 水 | 물 수 | + | 蒸 | 찔 증 | + | 氣 | 기운 기 | = | 水蒸氣 |

암기비법 물[水]이 증발하여[蒸] 기체[氣]로 된 것이 水蒸氣이다.

사전풀이 물이 증발하여 기체 상태로 된 것.

❀ 다음 빈칸에 한자어의 독음과 한자를 예쁘게 써 보세요.

| 水蒸氣 | | / | 水 | | + | 蒸 | | + | 氣 | |

독음연습 水蒸氣가 뿌옇게 피어올랐다.

| 水 | 蒸 | 氣 | 水 | 蒸 | 氣 | | | |

水 平　수평

水 물 수 ＋ 平 평평할 평 ＝ 水平

물[水]이 평평한[平] 것이 水平이다.

잔잔한 수면처럼 한쪽으로 치우치지 않고 균형이 맞는 평평한 상태.

✿ 다음 빈칸에 한자어의 독음과 한자를 예쁘게 써 보세요.

水平 ⬜ / 水 ⬜ ＋ 平 ⬜

눈금을 읽을 때는 水平한 곳에 놓고 읽어야 한다.

水	平	水	平						

植 物　식물

植 심을 식 ＋ 物 물건 물 ＝ 植物

심어져[植] 있는 물건[物]이 植物이다.

생물 중에서 동물과 구별되는 한 일군.

✿ 다음 빈칸에 한자어의 독음과 한자를 예쁘게 써 보세요.

植物 ⬜ / 植 ⬜ ＋ 物 ⬜

어머니는 정원에 다양한 종류의 植物을 심어 가꾸신다.

植	物	植	物						

信 號 　신호

信 믿을 신 ＋ 號 이름 호 ＝ 信號

민음으로[信] 만들어진 부호[號]가 信號이다.

일정한 부호, 표지, 소리, 몸짓 따위로 특정한 내용 또는 정보를 전달하거나 지시를 함.

❀ 다음 빈칸에 한자어의 독음과 한자를 예쁘게 써 보세요.

信號 [　　] / 信 [　] ＋ 號 [　]

信號가 녹색으로 변하자 아이들이 건널목을 건넜다.

信	號	信	號						

實 驗 　실험

實 열매 실 ＋ 驗 시험할 험 ＝ 實驗

실제로[實] 시험[驗]해 보는 것이 實驗이다.

과학에서, 이론이나 현상을 관찰하고 측정함.

❀ 다음 빈칸에 한자어의 독음과 한자를 예쁘게 써 보세요.

實驗 [　　] / 實 [　] ＋ 驗 [　]

다음의 實驗 결과를 표에 나타내어 보세요.

實	驗	實	驗						

巖石 암석

巖 바위 **암** + 石 돌 **석** = 巖石

- 바윗[巖] 돌[石]이 巖石이다.
- 지각을 구성하는 천연 광물로, 부피가 매우 큰 돌.

❀ 다음 빈칸에 한자어의 독음과 한자를 예쁘게 써 보세요.

巖石 [　　] / 巖 [　　] + 石 [　　]

관악산은 그 전체가 거의 한 종류의 巖石으로 되어 있다.

巖	石	巖	石						

液體 액체

液 진 **액** + 體 몸 **체** = 液體

- 진[液]으로 된 물체[體]가 液體이다.
- 일정한 부피는 가졌으나 일정한 형태를 가지지 못한 물질.

❀ 다음 빈칸에 한자어의 독음과 한자를 예쁘게 써 보세요.

液體 [　　] / 液 [　　] + 體 [　　]

간장은 짠맛을 내는 검은 갈색의 液體이다.

液	體	液	體						

研 究 연구

研 갈 연 + 究 궁구할 구 = 研究

갈고[研] 궁구하는[究] 것이 研究이다.

어떤 일이나 사물에 대하여 조사하고 생각하여 진리를 알아냄.

✿ 다음 빈칸에 한자어의 독음과 한자를 예쁘게 써 보세요.

研究 [   ] / 研 [   ] + 究 [   ]

독서는 학문 研究가 아니라 책을 즐기는 행위이다.

研	究	研	究				

演 劇 연극

演 펼 연 + 劇 연극 극 = 演劇

펼쳐 보이는[演] 극[劇]이 演劇이다.

배우가 각본에 따라 말과 동작으로 관객에게 보여 주는 무대 예술.

✿ 다음 빈칸에 한자어의 독음과 한자를 예쁘게 써 보세요.

演劇 [   ] / 演 [   ] + 劇 [   ]

演劇의 삼요소는 희곡, 배우, 관객이다.

演	劇	演	劇				

▶▶▶

1. 다음 ☐☐안에 알맞은 한자어를 <보기>에서 찾아 써 보세요.

보기: 演劇 水蒸氣 信號 巖石 實驗 液體 狀態 植物 研究 水平

형 상 상 에	모 양 태 는	물 건 모 양		이 고
물 수 찔 증	기 운 기 는	기 체 된 물		며
물 수 에 다	평 평 할 평	평 평 상 태		이 고
심 을 식 에	물 건 물 은	동 물 구 별		이 며
믿 을 신 에	이 름 호 는	내 용 전 달		이 고
열 매 실 에	시 험 할 험	관 찰 측 정		이 며
바 위 암 에	돌 석 하 면	바 윗 돌 이		이 고
부 피 있 고	형 태 없 는	진 액 몸 체		이 며
갈 연 하 여	궁 구 할 구	진 리 따 져		이 고
펼 연 하 고	연 극 극 은	무 대 예 술		이 다

2. 다음 한자어의 뜻을 써 보세요.

① 狀態 _____

② 水蒸氣 _____

③ 水平 _____

④ 植物 _____

⑤ 信號 _____

⑥ 實驗 _____

⑦ 巖石 _____

⑧ 液體 _____

⑨ 研究 _____

⑩ 演劇 _____

다시 한번 해 봐요 02

3. 다음 한자어의 독음을 쓰고, 한자를 예쁘게 써 보세요.

① 狀態　　　　　狀 態 狀 態

② 水蒸氣　　　　水 蒸 氣 水 蒸 氣

③ 水平　　　　　水 平 水 平

④ 植物　　　　　植 物 植 物

⑤ 信號　　　　　信 號 信 號

⑥ 實驗　　　　　實 驗 實 驗

⑦ 巖石　　　　　巖 石 巖 石

⑧ 液體　　　　　液 體 液 體

⑨ 研究　　　　　研 究 研 究

⑩ 演劇　　　　　演 劇 演 劇

4. 다음 한자어에 독음과 알맞은 뜻을 바르게 연결하세요.

① 液體 · · 연구 · · 배우가 각본에 따라 말과 동작으로 관객에게 보여 주는 무대 예술.

② 實驗 · · 액체 · · 어떤 일이나 사물에 대하여 조사하고 생각하여 진리를 알아냄.

③ 常態 · · 실험 · · 일정한 부피는 가졌으나 일정한 형태를 가지지 못한 물질.

④ 演劇 · · 상태 · · 과학에서, 이론이나 현상을 관찰하고 측정함.

⑤ 研究 · · 연극 · · 어떤 사물이나 현상 따위가 일정한 때에 처해 있는 형편이나 모양.

豫想 * 溫暖化 * 溫度 * 龍鬚鐵 * 牛乳
宇宙 * 位置 * 瑠璃 * 利用 * 材料

📍 한글로 된 가사를 노래로 부르면 한자어의 뜻이 쉽게 이해돼요.

미 리 예 에	생 각 상 은	미 리 생 각	예 상 이 고
따 뜻 할 온	따 뜻 할 난	될 화 하 여	온 난 화 며
따 뜻 할 온	법 도 도 는	더 운 정 도	온 도 이 고
용 용 하 고	수 염 수 에	쇠 철 하 면	용 수 철 이
소 나 양 의	젖 을 가 공	소 우 젖 유	우 유 이 며
무 한 시 간	공 간 총 체	집 우 집 주	우 주 이 고
자 리 위 에	둘 치 이 니	일 정 자 리	위 치 이 며
유 리 유 에	유 리 리 는	투 명 단 단	유 리 이 고
이 로 울 이	쓸 용 하 면	이 롭 게 씀	이 용 이 며
재 목 재 에	헤 아 릴 료	물 건 소 재	재 료 이 다

📍 이제는 한자로 쓰인 한자어 가사도 쉽게 읽을 수 있어요~~^^

미 리 豫 에	생 각 想 은	미 리 생 각	豫 想 이 고
따 뜻 할 溫	따 뜻 할 暖	될 化 하 여	溫 暖 化 며
따 뜻 할 溫	法 度 度 는	더 운 程 度	溫 度 이 고
龍 龍 하 고	鬚 髥 鬚 에	쇠 鐵 하 면	龍 鬚 鐵 이
소 나 羊 의	젖 을 加 工	소 牛 젖 乳	牛 乳 이 며
無 限 時 間	空 間 總 體	집 宇 집 宙	宇 宙 이 고
자 리 位 에	둘 置 이 니	一 定 자 리	位 置 이 며
瑠 璃 瑠 에	瑠 璃 璃 는	透 明 단 단	瑠 璃 이 고
利 로 울 利	쓸 用 하 면	利 롭 게 씀	利 用 이 며
材 木 材 에	헤 아 릴 料	物 件 素 材	材 料 이 다

豫 想　예상

豫 미리 **예** + 想 생각 **상** = 豫想

(암기) 미리[豫] 생각하여[想] 둠이 豫想이다.

(사전) 어떤 일을 직접 당하기 전에 미리 생각하여 둠.

❀ 다음 빈칸에 한자어의 독음과 한자를 예쁘게 써 보세요.

豫想 [　] / 豫 [　] + 想 [　]

(독음) 우리들은 중간고사 豫想문제를 만들어서 공부했다.

豫	想	豫	想				

溫暖化　온난화

溫 따뜻할 **온** + 暖 따뜻할 **난** + 化 될 **화** = 溫暖化

(암기) 따뜻하게[溫暖] 되어[化]지는 현상이 溫暖化이다.

(사전) 기온이 높아짐.

❀ 다음 빈칸에 한자어의 독음과 한자를 예쁘게 써 보세요.

溫暖化 [　] / 溫 [　] + 暖 [　] + 化 [　]

(독음) 溫暖化의 영향으로 봄가을이 짧아지는 기상현상이 나타나고 있다.

溫 度　온도

溫 따뜻할 온 + 度 법도 도 = 溫度

따뜻한[溫] 정도[度]가 溫度이다.

차가움과 뜨거움의 정도를 나타내는 수치.

❀ 다음 빈칸에 한자어의 독음과 한자를 예쁘게 써 보세요.

| 溫度 | | / | 溫 | | + | 度 | |

휘발유는 溫度가 조금만 올라가도 부피가 쉽게 팽창한다.

| 溫 | 度 | 溫 | 度 | | | | | | |

龍鬚鐵　용수철

龍 용 용 + 鬚 수염 수 + 鐵 쇠 철 = 龍鬚鐵

용[龍]의 수염[鬚]처럼 생긴 쇠줄[鐵]이 龍鬚鐵이다.

늘어나거나 줄어드는 탄력이 있는 나선형의 쇠줄.

❀ 다음 빈칸에 한자어의 독음과 한자를 예쁘게 써 보세요.

| 龍鬚鐵 | | / | 龍 | | + | 鬚 | | + | 鐵 | |

침대의 龍鬚鐵이 녹슬었는지 움직일 때마다 삐걱거렸다.

| 龍 | 鬚 | 鐵 | 龍 | 鬚 | 鐵 | | | | |

牛 乳　우유

牛 소 우 ＋ 乳 젖 유 ＝ 牛乳

소[牛]의 젖[乳]이 牛乳이다.

소의 젖이나 그것을 살균하여 만든 음료.

❀ 다음 빈칸에 한자어의 독음과 한자를 예쁘게 써 보세요.

牛乳 [　] / 牛 [　] ＋ 乳 [　]

牛乳가 좋다고 한들 모유만 못하다고 배웠다.

牛	乳	牛	乳						

宇 宙　우주

宇 집 우 ＋ 宙 집 주 ＝ 宇宙

무한한 시간[宇]과 공간[宙]을 합쳐 宇宙라고 한다.

무한한 시간과 온갖 사물을 포괄하는 공간.

❀ 다음 빈칸에 한자어의 독음과 한자를 예쁘게 써 보세요.

宇宙 [　] / 宇 [　] ＋ 宙 [　]

우리나라은 언제쯤 宇宙 정거장을 설치할 수 있을까 궁금하다.

宇	宙	宇	宙						

位 置 위치

位 자리 위 + 置 둘 치 = 位置

두어진[置] 자리[位]가 位置이다.

사물이 일정한 곳에 자리를 차지함.

❀ 다음 빈칸에 한자어의 독음과 한자를 예쁘게 써 보세요.

| 位置 | | / | 位 | | + | 置 | |

내 책상의 位置를 창가 쪽으로 옮겼다.

| 位 | 置 | 位 | 置 | | | | | | |

瑠 璃 유리

瑠 유리 유 + 璃 유리 리 = 瑠璃

유리[瑠璃]가 瑠璃이다.

석영, 탄산소다, 석회암을 섞어 높은 온도에서 녹인 다음 급히 냉각하여 만든 물질.

❀ 다음 빈칸에 한자어의 독음과 한자를 예쁘게 써 보세요.

| 瑠璃 | | / | 瑠 | | + | 璃 | |

축구공이 날아가 창문의 瑠璃를 깨뜨렸다.

| 瑠 | 璃 | 瑠 | 璃 | | | | | | |

利 用 이용

利 이로울 이 + 用 쓸 용 = 利用

이롭게[利] 쓰는[用] 것이 利用이다.

대상을 필요에 따라 이롭게 씀.

❀ 다음 빈칸에 한자어의 독음과 한자를 예쁘게 써 보세요.

利用 [ ] / 利 [ ] + 用 [ ]

어머니는 나에게 시립 도서관 利用 방법을 가르쳐 주셨다.

利	用	利	用						

材 料 재료

材 재목 재 + 料 헤아릴 료 = 材料

재목[材]의 자료[料]가 材料이다.

물건을 만들 때 바탕으로 사용하는 것.

❀ 다음 빈칸에 한자어의 독음과 한자를 예쁘게 써 보세요.

材料 [ ] / 材 [ ] + 料 [ ]

장 담글 때 필요한 材料로는 메주, 소금, 고추 등이 필요하다.

材	料	材	料						

1. 다음 ☐☐안에 알맞은 한자어를 <보기>에서 찾아 써 보세요.

보기	瑠璃 宇宙 溫暖化 牛乳 豫想 位置 利用 材料 溫度 龍鬚鐵

미 리 예 에	생 각 상 은	미 리 생 각		이 고
따 뜻 할 온	따 뜻 할 난	될 화 하 여		며
따 뜻 할 온	법 도 도 는	더 운 정 도		이 고
용 용 하 고	수 염 수 에	쇠 철 하 면		이
소 나 양 의	젖 을 가 공	소 우 젖 유		이 며
무 한 시 간	공 간 총 체	집 우 집 주		이 고
자 리 위 에	둘 치 이 니	일 정 자 리		이 며
유 리 유 에	유 리 류 는	투 명 단 단		이 고
이 로 울 이	쓸 용 하 면	이 롭 게 씀		이 며
재 목 재 에	헤 아 릴 료	물 건 소 재		이 다

2. 다음 한자어의 뜻을 써 보세요.

① 豫想 ☐

② 溫暖化 ☐

③ 溫度 ☐

④ 龍鬚鐵 ☐

⑤ 牛乳 ☐

⑥ 宇宙 ☐

⑦ 位置 ☐

⑧ 瑠璃 ☐

⑨ 利用 ☐

⑩ 材料 ☐

3. 다음 한자어의 독음을 쓰고, 한자를 예쁘게 써 보세요.

①	豫想		豫	想	豫	想		
②	溫暖化		溫	暖	化	溫	暖	化
③	溫度		溫	度	溫	度		
④	龍鬚鐵		龍	鬚	鐵	龍	鬚	鐵
⑤	牛乳		牛	乳	牛	乳		
⑥	宇宙		宇	宙	宇	宙		
⑦	位置		位	置	位	置		
⑧	瑠璃		瑠	璃	瑠	璃		
⑨	利用		利	用	利	用		
⑩	材料		材	料	材	料		

4. 다음 한자어에 독음과 알맞은 뜻을 바르게 연결하세요.

① 利用 ● ● 재료 ● ● 물건을 만들 때 바탕으로 사용하는 것.

② 材料 ● ● 이용 ● ● 대상을 필요에 따라 이롭게 씀.

③ 位置 ● ● 위치 ● ● 사물이 일정한 곳에 자리를 차지함.

④ 溫度 ● ● 온도 ● ● 무한한 시간과 온갖 사물을 포괄하는 공간.

⑤ 宇宙 ● ● 우주 ● ● 차가움과 뜨거움의 정도를 나타내는 수치.

傳達 * 程度 * 調節 * 蒸發 * 地球
地震 * 地形 * 草綠色 * 推理 * 測定

📍 한글로 된 가사를 노래로 부르면 한자어의 뜻이 쉽게 이해돼요.

전 할 전 에	이 를 달 은	전 해 주 는	전 달 이 고
단 위 정 에	법 도 도 는	사 물 수 준	정 도 이 며
고 를 조 에	마 디 절 은	균 형 맞 게	조 절 이 고
액 체 상 태	기 체 변 함	찔 증 필 발	증 발 이 며
인 류 사 는	천 체 라 서	땅 지 공 구	지 구 이 고
땅 지 에 다	벼 락 진 은	지 각 요 동	지 진 이 며
땅 지 에 다	모 양 형 은	땅 의 모 양	지 형 이 고
풀 초 하 고	푸 를 록 에	빛 색 하 는	초 록 색 과
밀 추 하 고	다 스 릴 리	미 루 어 서	추 리 이 며
헤 아 릴 측	정 할 정 은	크 기 를 잼	측 정 이 다

📍 이제는 한자로 쓰인 한자어 가사도 쉽게 읽을 수 있어요~~^^

傳 할 傳 에	이 를 達 은	傳 해 주 는	傳 達 이 고
單 位 程 에	法 度 度 는	事 物 水 準	程 度 이 며
고 를 調 에	마 디 節 은	均 衡 맞 게	調 節 이 고
液 體 狀 態	氣 體 變 함	찔 蒸 필 發	蒸 發 이 며
人 類 사 는	天 體 라 서	땅 地 공 球	地 球 이 고
땅 地 에 다	벼 락 震 은	地 殼 搖 動	地 震 이 며
땅 地 에 다	模 樣 形 은	땅 의 模 樣	地 形 이 고
풀 草 하 고	푸 를 綠 에	빛 色 하 는	草 綠 色 과
밀 推 하 고	다 스 릴 理	미 루 어 서	推 理 이 며
헤 아 릴 測	定 할 定 은	크 기 를 잼	測 定 이 다

傳 達 전달

傳 전할 전 + 達 이를 달 = 傳達

전하여[傳] 이르게[達] 하는 것이 傳達이다.

소식이나 말 따위를 사람에게 전하여 이르게 함.

❀ 다음 빈칸에 한자어의 독음과 한자를 예쁘게 써 보세요.

傳達 [　] / 傳 [　] + 達 [　]

내 고향은 오지라서 소식 傳達이 잘 이루어지지 않는다.

傳	達	傳	達						

程 度 정도

程 단위 정 + 度 법도 도 = 程度

일정한[程] 한도[度]가 程度이다.

일정한 분수나 한도.

❀ 다음 빈칸에 한자어의 독음과 한자를 예쁘게 써 보세요.

程度 [　] / 程 [　] + 度 [　]

참는 것도 程度가 있다.

程	度	程	度						

調節　조절

調 고를 조 + 節 마디 절 = 調節

🔵 고르고[調] 적절하게[節] 맞추는 것이 調節이다.

🔵 어떤 대상의 상태를 조작하거나 제어하여 적절한 수준으로 맞춤.

❀ 다음 빈칸에 한자어의 독음과 한자를 예쁘게 써 보세요.

調節 ☐ / 調 ☐ + 節 ☐

🔵 물은 체온 調節에 반드시 필요하다.

調	節	調	節					

蒸發　증발

蒸 찔 증 + 發 필 발 = 蒸發

🔵 증기가[蒸]되어 피어나는[發] 것이 蒸發이다.

🔵 액체 상태에 있는 어떤 물질이 그 표면에서 기체 상태로 변하는 현상.

❀ 다음 빈칸에 한자어의 독음과 한자를 예쁘게 써 보세요.

蒸發 ☐ / 蒸 ☐ + 發 ☐

🔵 물이 蒸發한 것을 보고 나는 물이 공기 중으로 숨었다고 생각했다.

蒸	發	蒸	發					

地球 지구

地 땅 지 + 球 공 구 = 地球

땅[地]이 공[球]처럼 생긴 천체가 地球이다.

인류가 살고 있는 천체.

❀ 다음 빈칸에 한자어의 독음과 한자를 예쁘게 써 보세요.

地球 [ ] / 地 [ ] + 球 [ ]

우리는 하나밖에 없는 地球를 아끼고 보존해야 한다.

地	球	地	球						

地震 지진

地 땅 지 + 震 벼락 진 = 地震

땅[地]이 벼락[震]처럼 흔들리는 것이 地震이다.

오랫동안 누적된 변형 에너지가 갑자기 방출되면서 지각이 흔들리는 일.

❀ 다음 빈칸에 한자어의 독음과 한자를 예쁘게 써 보세요.

地震 [ ] / 地 [ ] + 震 [ ]

우리 나라도 地震에 대비한 건물을 지여야 한다.

地	震	地	震						

地 形 지형

地 땅 지 + 形 모양 형 = 地形

(암기비법) 땅[地]의 모양[形]이 地形이다.

(사전풀이) 땅의 생긴 모양.

❀ 다음 빈칸에 한자어의 독음과 한자를 예쁘게 써 보세요.

地形 [　] / 地 [　] + 形 [　]

(독음연습) 우리 고장은 넓게 펼쳐져 있는 평탄한 地形이다.

地	形	地	形						

草綠色 초록색

草 풀 초 + 綠 푸를 록 + 色 빛 색 = 草綠色

(암기비법) 풀[草]처럼 푸른[綠] 색[色]이 草綠色이다.

(사전풀이) 푸른 빛깔과 누른 빛깔의 중간색.

❀ 다음 빈칸에 한자어의 독음과 한자를 예쁘게 써 보세요.

草綠色 [　] / 草 [　] + 綠 [　] + 色 [　]

(독음연습) 고우리 집 대문은 草綠色이다.

草	綠	色	草	綠	色			

推 理   추리

推 밀 **추** + 理 다스릴 **리** = 推理

(잠기비결) 미루어서[推] 다스리는[理] 것이 推理이다.

(어휘풀이) 알고 있는 것을 바탕으로 알지 못하는 것을 미루어서 생각함.

❀ 다음 빈칸에 한자어의 독음과 한자를 예쁘게 써 보세요.

| 推理 | | / | 推 | | + | 理 | |

(독음연습) 나는 推理 소설을 좋아한다.

推	理	推	理						

測 定   측정

測 헤아릴 **측** + 定 정할 **정** = 測定

(알기비결) 헤아려서[測] 정하는[定] 것이 測定이다.

(어휘풀이) 일정한 양을 기준으로 하여 같은 종류의 다른 양의 크기를 잼.

❀ 다음 빈칸에 한자어의 독음과 한자를 예쁘게 써 보세요.

| 測定 | | / | 測 | | + | 定 | |

(독음연습) 우리는 이 거리를 測定을 해 보기로 했다.

測	定	測	定						

1. 다음 ☐☐ 안에 알맞은 한자어를 <보기>에서 찾아 써 보세요.

보기 地形 推理 程度 調節 測定 蒸發 地震 傳達 草綠色 地球

전 할 전 에	이 를 달 은	전 해 주 는		이 고
단 위 정 에	법 도 도 는	사 물 수 준		이 며
고 를 조 에	마 디 절 은	균 형 맞 게		이 고
액 체 상 태	기 체 변 함	찔 증 필 발		이 며
인 류 사 는	천 체 라 서	땅 지 공 구		이 고
땅 지 에 다	벼 락 진 은	지 각 요 동		이 며
땅 지 에 다	모 양 형 은	땅 의 모 양		이 고
풀 초 하 고	푸 를 록 에	빛 색 하 면		과
밀 추 하 고	다 스 릴 리	미 루 어 서		이 며
헤 아 릴 측	정 할 정 은	크 기 를 잼		이 다

2. 다음 한자어의 뜻을 써 보세요.

① 傳達

② 程度

③ 調節

④ 蒸發

⑤ 地球

⑥ 地震

⑦ 地形

⑧ 草綠色

⑨ 推理

⑩ 測定

3. 다음 한자어의 독음을 쓰고, 한자를 예쁘게 써 보세요.

①	傳達		傳	達	傳	達		
②	程度		程	度	程	度		
③	調節		調	節	調	節		
④	蒸發		蒸	發	蒸	發		
⑤	地球		地	球	地	球		
⑥	地震		地	震	地	震		
⑦	地形		地	形	地	形		
⑧	草綠色		草	綠	色	草	綠	色
⑨	推理		推	理	推	理		
⑩	測定		測	程	測	程		

4. 다음 한자어에 독음과 알맞은 뜻을 바르게 연결하세요.

①	程度	•	•	정도	•	•	땅의 생긴 모양.
②	推理	•	•	지형	•	•	일정한 분수나 한도.
③	地形	•	•	추리	•	•	어떤 대상의 상태를 조작하거나 제어하여 적절한 수준으로 맞춤.
④	測定	•	•	조절	•	•	알고 있는 것을 바탕으로 알지 못하는 것을 미루어서 생각함.
⑤	調節	•	•	측정	•	•	일정한 양을 기준으로 하여 같은 종류의 다른 양의 크기를 잼.

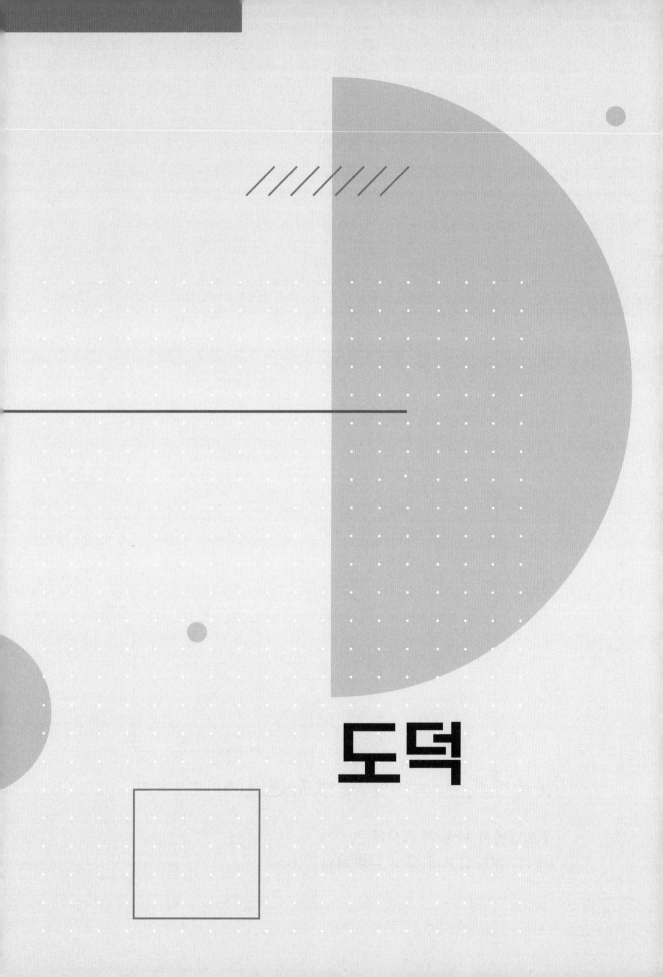

도덕

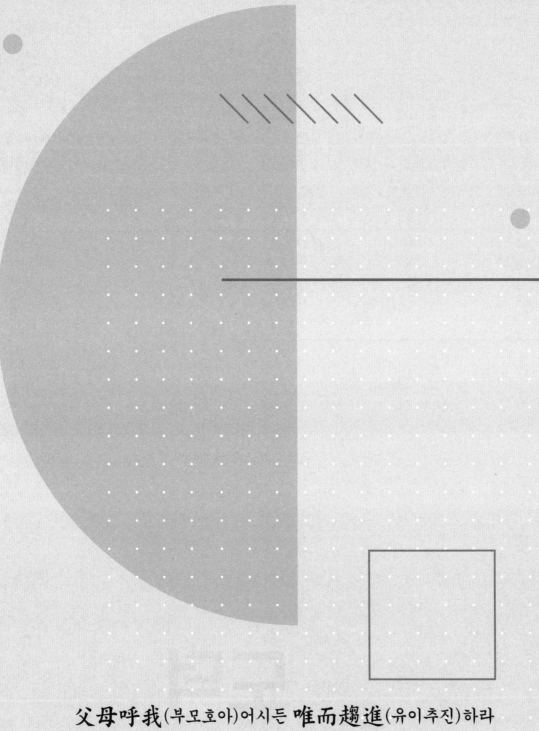

父母呼我(부모호아)어시든 唯而趨進(유이추진)하라

부모님께서 나를 부르시거든,
(빨리) 대답하고서 달려 나아가라. 《인성보감》

【도덕】
Ⅳ - 1

假想 * 葛藤 * 揭示板 * 繼續 * 空間
勤勉 * 南韓 * 努力 * 段階 * 對答

📍 한글로 된 가사를 노래로 부르면 한자어의 뜻이 쉽게 이해돼요.

거 짓 가 에	생 각 상 은	거 짓 생 각	가 상 이 고
칡 갈 하 고	등 나 무 등	서 로 충 돌	갈 등 이 며
들 게 하 여	보 일 시 에	널 빤 지 판	게 시 판 은
이 을 계 에	이 을 속 은	이 어 나 감	계 속 이 며
빌 공 하 고	사 이 간 은	텅 빈 사 이	공 간 이 고
힘 쓸 근 에	힘 쓸 면 은	부 지 런 한	근 면 이 며
남 녘 남 에	한 국 한 은	한 국 남 쪽	남 한 이 고
힘 쓸 노 에	힘 력 하 면	힘 껏 애 쓴	노 력 이 며
층 계 단 에	섬 돌 계 는	차 례 과 정	단 계 이 고
대 할 대 에	대 답 할 답	물 음 에 답	대 답 이 다

📍 이제는 한자로 쓰인 한자어 가사도 쉽게 읽을 수 있어요~~^^

거 짓 假 에	생 각 想 은	거 짓 생 각	假 想 이 고
칡 葛 하 고	藤 나 무 藤	서 로 衝 突	葛 藤 이 며
들 揭 하 여	보 일 示 에	널 빤 지 板	揭 示 板 은
이 을 繼 에	이 을 續 은	이 어 나 감	繼 續 이 며
빌 空 하 고	사 이 間 은	텅 빈 사 이	空 間 이 고
힘 쓸 勤 에	힘 쓸 勉 은	부 지 런 한	勤 勉 이 며
南 녘 南 에	韓 國 韓 은	韓 國 南 쪽	南 韓 이 고
힘 쓸 努 에	힘 力 하 면	힘 껏 애 쓴	努 力 이 며
層 階 段 에	섬 돌 階 는	次 例 過 程	段 階 이 고
對 할 對 에	對 答 할 答	물 음 에 답	對 答 이 다

假 想 가상

假 거짓 **가** + 想 생각 **상** = 假想

(암기비법) 가정[假]하여 생각[想]하는 것이 假想이다.

(사전적의미) 사실이 아니거나 사실 여부가 분명하지 않은 것을 사실이라고 가정하여 생각함.

❀ 다음 빈칸에 한자어의 독음과 한자를 예쁘게 써 보세요.

| 假想 | | / | 假 | | + | 想 | |

(독음연습) 입체 영상으로 假想 현실을 체험하다니 신기하다.

假	想	假	想						

葛 藤 갈등

葛 칡 **갈** + 藤 등나무 **등** = 葛藤

(암기비법) 칡[葛]과 등나무[藤]처럼 서로 얽히는 것이 葛藤이다.

(사전적의미) 개인이나 집단 사이에 목표나 이해관계가 달라 서로 적대시하거나 충돌함.

❀ 다음 빈칸에 한자어의 독음과 한자를 예쁘게 써 보세요.

| 葛藤 | | / | 葛 | | + | 藤 | |

(독음연습) 그 두 사람은 대화를 할수록 葛藤의 골이 깊어만 간다.

葛	藤	葛	藤						

揭示板 게시판

揭 들 게 + 示 보일 시 + 板 널빤지 판 = 揭示板

들어[揭] 보이도록[示] 붙이는 널빤지[板]가 揭示板이다.

여러 사람에게 알릴 내용을 내붙이어 두루 보게 붙이는 판.

❀ 다음 빈칸에 한자어의 독음과 한자를 예쁘게 써 보세요.

揭示板 [　　　] / 揭 [　　　] + 示 [　　　] + 板 [　　　]

각 학년 회장단 명단이 본관 揭示板에 나붙어 있었다.

揭	示	板	揭	示	板				

繼續 계속

繼 이을 계 + 續 이을 속 = 繼續

이어지고[繼] 이어지는[續] 것이 繼續이다.

끊이지 않고 이어 나감.

❀ 다음 빈칸에 한자어의 독음과 한자를 예쁘게 써 보세요.

繼續 [　　　] / 繼 [　　　] + 續 [　　　]

비가 한 시간 전부터 繼續해서 내리고 있다.

繼	續	繼	續						

空 間　공간

空　빌 공　+　間　사이　간　=　空間

비어[空] 있는 사이[間]가 空間이다.

아무것도 없는 빈 곳.

❀ 다음 빈칸에 한자어의 독음과 한자를 예쁘게 써 보세요.

空間　　　　/　空　　　+　間

내 방의 가구를 재배치하니 空間이 조금 더 넓어진 것 같다.

空	間	空	間				

勤 勉　근면

勤　부지런할 근　+　勉　힘쓸　면　=　勤勉

부지런히[勤] 힘쓰는[勉] 것이 勤勉이다.

부지런히 일하며 힘씀.

❀ 다음 빈칸에 한자어의 독음과 한자를 예쁘게 써 보세요.

勤勉　　　　/　勤　　　+　勉

우리 집 가훈은 '勤勉하고 성실하자'이다.

勤	勉	勤	勉				

南 韓　남한

南 남녘 남 ＋ 韓 한국 한 ＝ 南韓

한국[韓]의 남쪽[南]이 南韓이다.

육이오 전쟁 후, 휴전선 이남의 한국.

❀ 다음 빈칸에 한자어의 독음과 한자를 예쁘게 써 보세요.

南韓 [　　] / 南 [　　] ＋ 韓 [　　]

고구려 유적이 한강 변 南韓 지역에서 발견되었다.

南	韓									

努 力　노력

努 힘쓸 노 ＋ 力 힘 력 ＝ 努力

힘써[努] 힘[力]을 다하는 것이 努力이다.

목적을 이루기 위하여 몸과 마음을 다하여 애를 씀.

❀ 다음 빈칸에 한자어의 독음과 한자를 예쁘게 써 보세요.

努力 [　　] / 努 [　　] ＋ 力 [　　]

4학년이 된 나는 열심히 努力하여 1등을 했다.

努	力	努	力						

段 階 　단계

段 층계 단 ＋ 階 섬돌 계 ＝ 段階

층계[段]나 섬돌[階]이 段階이다.

일이나 어떤 현상이 순차적으로 진행되는 과정.

❀ 다음 빈칸에 한자어의 독음과 한자를 예쁘게 써 보세요.

段階 [　] / 段 [　] ＋ 階 [　]

이 일은 이제 거의 마무리 段階에 이르렀다.

段	階	段	階						

對 答 　대답

對 대할 대 ＋ 答 대답 답 ＝ 對答

대하여[對] 답하는[答] 것이 對答이다.

부르는 말에 응하여 어떤 말을 함. 또는 그 말.

❀ 다음 빈칸에 한자어의 독음과 한자를 예쁘게 써 보세요.

對答 [　] / 對 [　] ＋ 答 [　]

언제나 對答할 때에는 신중하게 응해야 한다.

對	答	對	答						

1. 다음 □□안에 알맞은 한자어를 <보기>에서 찾아 써 보세요.

보기 繼續 葛藤 段階 揭示板 勤勉 南韓 假想 努力 對答 空間

거 짓 가 에	생 각 상 은	거 짓 생 각	이 고
칡 갈 하 고	등 나 무 등	서 로 충 돌	이 며
들 게 하 여	보 일 시 에	널 빤 지 판	은
이 을 계 에	이 을 속 은	이 어 나 감	이 며
빌 공 하 고	사 이 간 은	텅 빈 사 이	이 고
힘 쓸 근 에	힘 쓸 면 은	부 지 런 한	이 며
남 녘 남 에	한 국 한 은	한 국 남 쪽	이 고
힘 쓸 노 에	힘 력 하 면	힘 껏 애 쓴	이 며
층 계 단 에	섬 돌 계 는	차 례 과 정	이 고
대 할 대 에	대 답 할 답	물 음 에 답	이 다

2. 다음 한자어의 뜻을 써 보세요.

① 假想 _____

② 葛藤 _____

③ 揭示板 _____

④ 繼續 _____

⑤ 空間 _____

⑥ 勤勉 _____

⑦ 南韓 _____

⑧ 努力 _____

⑨ 段階 _____

⑩ 對答 _____

3. 다음 한자어의 독음을 쓰고, 한자를 예쁘게 써 보세요.

①	假想		假	想	假	想		
②	葛藤		葛	藤	葛	藤		
③	揭示板		揭	示	板	揭	示	板
④	繼續		繼	續	繼	續		
⑤	空間		空	間	空	間		
⑥	勤勉		勤	勉	勤	勉		
⑦	南韓		南	韓	南	韓		
⑧	努力		努	力	努	力		
⑨	段階		段	階	段	階		
⑩	對答		對	答	對	答		

4. 다음 한자어에 독음과 알맞은 뜻을 바르게 연결하세요.

① 空間 • • 노력 • 부르는 말에 응하여 어떤 말을 함.

② 對答 • • 대답 • 목적을 이루기 위하여 몸과 마음을 다하여 애를 씀.

③ 努力 • • 공간 • 부지런히 일하며 힘씀.

④ 勤勉 • • 계속 • 끊이지 않고 이어 나감.

⑤ 繼續 • • 근면 • 아무것도 없는 빈 곳.

道德 * 萬若 * 無窮花 * 文化 * 反省
保護 * 北韓 * 分斷 * 選手 * 世上

한글로 된 가사를 노래로 부르면 한자어의 뜻이 쉽게 이해돼요.

마 땅 히 들	지 킬 규 범	도 도 덕 덕	도 덕 이 고
일 만 만 에	같 을 약 은	만 일 혹 시	만 약 이 며
없 을 무 에	다 할 궁 의	꽃 화 이 니	무 궁 화 고
글 월 문 에	될 화 하 면	글 로 변 화	문 화 이 며
되 돌 릴 반	살 필 성 은	돌 이 켜 봄	반 성 이 고
지 킬 보 에	보 호 할 호	잘 보 살 핌	보 호 이 며
북 녘 북 에	한 국 한 은	한 국 북 쪽	북 한 이 고
나 눌 분 에	끊 을 단 은	끊 어 가 름	분 단 이 며
가 릴 선 에	손 수 하 면	뽑 힌 사 람	선 수 이 고
세 상 세 에	위 상 이 면	모 든 사 회	세 상 이 다

이제는 한자로 쓰인 한자어 가사도 쉽게 읽을 수 있어요~~^^

마 땅 히 들	지 킬 規 範	道 道 德 德	道 德 이 고
一 萬 萬 에	같 을 若 은	萬 一 或 是	萬 若 이 며
없 을 無 에	다 할 窮 의	꽃 花 이 니	無 窮 花 고
글 월 文 에	될 化 하 면	글 로 變 化	文 化 이 며
되 돌 릴 反	살 필 省 은	돌 이 켜 봄	反 省 이 고
지 킬 保 에	保 護 할 護	잘 보 살 핌	保 護 이 며
北 녘 北 에	韓 國 韓 은	韓 國 北 쪽	北 韓 이 고
나 눌 分 에	끊 을 斷 은	끊 어 가 름	分 斷 이 며
가 릴 選 에	손 手 하 면	뽑 힌 사 람	選 手 이 고
世 上 世 에	위 上 이 면	모 든 社 會	世 上 이 다

道 德 　도덕

道 　도 　도 　+ 　德 　덕 　덕 　= 　道德

도리[道]나 덕[德]이 道德이다.

인간이 지켜야 할 도리나 바람직한 행동 규범.

❀ 다음 빈칸에 한자어의 독음과 한자를 예쁘게 써 보세요.

| 道德 | | / | 道 | | + | 德 | |

나는 道德 교과서에서 배운 대로 실천해 보려고 한다.

| 道 | 德 | 道 | 德 | | | | | |

萬 若 　만약

萬 　일만 　만 　+ 　若 　같을 　약 　= 　萬若

일만[萬] 가지와 같은[若] 경우가 萬若이다.

있을지도 모르는 뜻밖의 경우에.

❀ 다음 빈칸에 한자어의 독음과 한자를 예쁘게 써 보세요.

| 萬若 | | / | 萬 | | + | 若 | |

우리는 萬若의 사태에 대비할 준비를 하였다.

| 萬 | 若 | 萬 | 若 | | | | | |

無窮花 무궁화

無 없을 무 + 窮 다할 궁 + 花 꽃 화 = 無窮花

암기해펼 다함이[窮] 없는[無] 꽃[花]이 無窮花이다.

자원풀이 아욱과에 속한 낙엽 활엽 관목.

✿ 다음 빈칸에 한자어의 독음과 한자를 예쁘게 써 보세요.

無窮花 [　　　] / 無 [　　　] + 窮 [　　　] + 花 [　　　]

독음연습 우리나라의 국화는 無窮花이다.

無	窮	花	無	窮	花				

文 化 문화

文 글월 문 + 化 될 화 = 文化

암기해펼 글월[文]로 변화 되어[化]가는 것이 文化이다.

자원풀이 진리를 구하고 끊임없이 진보, 향상하려는 인간의 정신적 활동.

✿ 다음 빈칸에 한자어의 독음과 한자를 예쁘게 써 보세요.

文化 [　　　] / 文 [　　　] + 化 [　　　]

독음연습 우리의 훌륭한 文化와 전통을 자랑스럽게 생각해야 한다.

文	化	文	化				

反 省　반성

反 되돌릴 **반** ＋ 省 살필 **성** ＝ 反省

되돌아[反] 살펴보는[省] 것이 反省이다.

자기 언행에 대해 잘못이나 부족함이 없는지 돌이켜봄.

❀ 다음 빈칸에 한자어의 독음과 한자를 예쁘게 써 보세요.

反省 [　] / 反 [　] ＋ 省 [　]

反省이 없는 삶은 발전이 없다.

反	省	反	省						

保 護　보호

保 지킬 **보** ＋ 護 보호할 **호** ＝ 保護

지키고[保] 보호하는[護] 것이 保護이다.

위험이나 곤란 등이 미치지 않도록 잘 지키고 보살핌.

❀ 다음 빈칸에 한자어의 독음과 한자를 예쁘게 써 보세요.

保護 [　] / 保 [　] ＋ 護 [　]

환경 保護는 미래의 후손을 위하여 아주 중요한 과제이다.

保	護	保	護						

北 韓　북한

北 북녘 **북** + 韓 한국 **한** = 北韓

한국[韓]의 북쪽[北]이 北韓이다.

남북으로 분단된 대한민국의 휴전선 북쪽 지역을 가리키는 말.

❀ 다음 빈칸에 한자어의 독음과 한자를 예쁘게 써 보세요.

| 北韓 | | / | 北 | | + | 韓 | |

北韓에 고향을 둔 실향민들은 돌아갈 날만을 기다린다.

| 北 | 韓 | 北 | 韓 | | | | | | |

分 斷　분단

分 나눌 **분** + 斷 끊을 **단** = 分斷

나뉘어[分] 끊어지는[斷] 것이 分斷이다.

동강이 나게 끊어 가름.

❀ 다음 빈칸에 한자어의 독음과 한자를 예쁘게 써 보세요.

| 分斷 | | / | 分 | | + | 斷 | |

독일은 우리보다 먼저 민족 分斷을 극복하였다.

| 分 | 斷 | 分 | 斷 | | | | | | |

選手 선수

選 가릴 선 + 手 손 수 = 選手

가려낸[選] 뛰어난 사람[手]이 選手이다.

운동 경기·기술 등에 뛰어나 많은 사람 속에서 대표로 뽑힌 사람.

❀ 다음 빈칸에 한자어의 독음과 한자를 예쁘게 써 보세요.

選手 □ / 選 □ + 手 □

나는 운동회에서 달리기 選手로 출전하였다.

選 手 選 手

世上 세상

世 세상 세 + 上 위 상 = 世上

세상[世]의 위[上]가 世上이다.

사람이 살고 있는 모든 사회를 통틀어 이르는 말.

❀ 다음 빈칸에 한자어의 독음과 한자를 예쁘게 써 보세요.

世上 □ / 世 □ + 上 □

世上에는 참으로 신기한 것들이 많다.

世 上 世 上

1. 다음 ☐☐안에 알맞은 한자어를 <보기>에서 찾아 써 보세요.

| 보기 | 選手 分斷 萬若 反省 文化 保護 道德 北韓 世上 無窮花 |

마 땅 히 들	지 킬 규 범	도 도 덕 덕		이 고
일 만 만 에	같 은 약 은	만 일 혹 시		이 며
없 을 무 에	다 할 궁 의	꽃 화 이 니		고
글 월 문 에	될 화 하 면	글 로 변 화		이 며
되 돌 릴 반	살 필 성 은	돌 이 켜 봄		이 고
지 킬 보 에	보 호 할 호	잘 보 살 핌		이 며
북 녘 북 에	한 국 한 은	한 국 북 쪽		이 고
나 눌 분 에	끊 을 단 은	끊 어 가 름		이 며
가 릴 선 에	손 수 하 면	뽑 힌 사 람		이 고
세 상 세 에	위 상 이 면	모 든 사 회		이 다

2. 다음 한자어의 뜻을 써 보세요.

① 道德 _____   ⑥ 保護 _____

② 萬若 _____   ⑦ 北韓 _____

③ 無窮花 _____   ⑧ 分斷 _____

④ 文化 _____   ⑨ 選手 _____

⑤ 反省 _____   ⑩ 世上 _____

3. 다음 한자어의 독음을 쓰고, 한자를 예쁘게 써 보세요.

① 道德 | | 道 德 道 德 | |
② 萬若 | | 萬 若 萬 若 | |
③ 無窮花 | | 無 窮 花 無 窮 花 |
④ 文化 | | 文 化 文 化 | |
⑤ 反省 | | 反 省 反 省 | |
⑥ 保護 | | 保 護 保 護 | |
⑦ 北韓 | | 北 韓 北 韓 | |
⑧ 分斷 | | 分 斷 分 斷 | |
⑨ 選手 | | 選 手 選 手 | |
⑩ 世上 | | 世 上 世 上 | |

4. 다음 한자어에 독음과 알맞은 뜻을 바르게 연결하세요.

① 反省 • • 보호 • • 동강이 나게 끊어 가름.

② 萬若 • • 반성 • • 위험이나 곤란 등이 미치지 않도록 잘 지키고 보살핌.

③ 道德 • • 만약 • • 자기 언행에 대해 잘못이나 부족함이 없는지 돌이켜봄.

④ 分斷 • • 도덕 • • 있을지도 모르는 뜻밖의 경우에.

⑤ 保護 • • 분단 • • 인간이 지켜야 할 도리나 바람직한 행동 규범.

◉ 한글로 된 가사를 노래로 부르면 한자어의 뜻이 쉽게 이해돼요.

잠 잘 숙 에	제 목 제 는	방 과 과 제	숙 제 이 고
열 매 실 에	밟 을 천 은	실 제 행 함	실 천 이 며
맺 을 약 에	묶 을 속 은	미 리 정 한	약 속 이 고
예 도 례 에	마 디 절 은	예 의 범 절	예 절 이 며
말 이 나 글	지 니 는 뜻	뜻 의 맛 미	의 미 이 고
다 스 릴 이	말 미 암 유	까 닭 사 유	이 유 이 며
사 람 인 에	사 이 간 은	만 물 영 장	인 간 이 고
날 일 하 여	기 록 할 기	매 일 적 는	일 기 이 며
스 스 로 자	그 럴 연 은	저 절 로 된	자 연 이 고
구 를 전 에	배 울 학 은	옮 겨 배 움	전 학 이 다

◉ 이제는 한자로 쓰인 한자어 가사도 쉽게 읽을 수 있어요~~^^

잠 잘 宿 에	題 目 題 는	放 課 課 題	宿 題 이 고
열 매 實 에	밟 을 踐 은	實 際 行 함	實 踐 이 며
맺 을 約 에	묶 을 束 은	미 리 定 한	約 束 이 고
禮 度 禮 에	마 디 節 은	禮 儀 凡 節	禮 節 이 며
말 이 나 글	지 니 는 뜻	뜻 意 맛 味	意 味 이 고
다 스 릴 理	말 미 암 由	까 닭 事 由	理 由 이 며
사 람 人 에	사 이 間 은	萬 物 靈 長	人 間 이 고
날 日 하 여	記 錄 할 記	每 日 적 는	日 記 이 며
스 스 로 自	그 럴 然 은	저 절 로 된	自 然 이 고
구 를 轉 에	배 울 學 은	옮 겨 배 움	轉 學 이 다

宿題　숙제

宿 잠잘 숙 + 題 제목 제 = 宿題

잠자는[宿] 집에서 하는 과제[題]가 宿題이다.

복습이나 예습 따위를 위하여 방과 후에 학생들에게 내주는 과제.

❀ 다음 빈칸에 한자어의 독음과 한자를 예쁘게 써 보세요.

宿題 [　] / 宿 [　] + 題 [　]

나는 宿題를 하고나서 친구하고 놀았다.

宿	題	宿	題						

實踐　실천

實 열매 실 + 踐 밟을 천 = 實踐

실제로[實] 밟아가는[踐] 것이 實踐이다.

생각한 바를 실제로 행함.

❀ 다음 빈칸에 한자어의 독음과 한자를 예쁘게 써 보세요.

實踐 [　] / 實 [　] + 踐 [　]

아무리 좋은 계획도 實踐하지 않으면 소용이 없다.

實	踐	實	踐						

約 束　약속

約 맺을 **약** + 束 묶을 **속** = 約束

서로 맺고[約] 묶어서[束] 것이 約束이다.

다른 사람과 앞으로의 일을 어떻게 할 것인가를 미리 정하여 둠.

❀ 다음 빈칸에 한자어의 독음과 한자를 예쁘게 써 보세요.

| 約束 | | / | 約 | | + | 束 | |

이 친구는 約束을 대수롭지 않게 여기는 나쁜 버릇이 있다.

約	束	約	束						

禮 節　예절

禮 예도 **례** + 節 마디 **절** = 禮節

예의[禮]와 범절[節]이 禮節이다.

예의에 관한 모든 절차나 질서.

❀ 다음 빈칸에 한자어의 독음과 한자를 예쁘게 써 보세요.

| 禮節 | | / | 禮 | | + | 節 | |

禮節은 예의범절을 줄임말이다.

禮	節	禮	節						

意 味 의미

意 뜻 의 + 味 맛 미 = 意味

암기비법 뜻[意]으로 맛보는[味] 것이 意味이다.

사전풀이 어떤 말이나 글이 나타내고 있는 내용.

❀ 다음 빈칸에 한자어의 독음과 한자를 예쁘게 써 보세요.

意味 [ ] / 意 [ ] + 味 [ ]

독음연습 이 한자어의 意味가 한글로만 쓰여 있어서 무엇인지 잘 모르겠다.

意	味	意	味				

理 由 이유

理 다스릴 이 + 由 말미암을 유 = 理由

암기비법 다스리고[理] 말미암는[由] 것이 理由이다.

사전풀이 어떠한 결론이나 결과에 이른 까닭이나 근거.

❀ 다음 빈칸에 한자어의 독음과 한자를 예쁘게 써 보세요.

理由 [ ] / 理 [ ] + 由 [ ]

독음연습 그 아이는 잘못을 지적해 주면 꼭 理由를 대는 나쁜 버릇이 있다.

理	由	理	由				

人 間 인간

人 사람 **인** + 間 사이 **간** = 人間

사람[人]이 사는 사이[間]가 人間이다.

생각을 하고 언어를 사용하며, 도구를 만들어 쓰고 사회를 이루어 사는 동물.

✿ 다음 빈칸에 한자어의 독음과 한자를 예쁘게 써 보세요.

人間 [　　] / 人 [　　] + 間 [　　]

독음연습 최소한 人間으로서 지켜야 할 도리가 있다.

人	間	人	間					

日 記 일기

日 날 **일** + 記 기록할 **기** = 日記

날마다[日] 기록하는[記] 것이 日記이다.

날마다 자신이 겪은 일이나 생각, 느낌 등을 사실대로 적은 기록.

✿ 다음 빈칸에 한자어의 독음과 한자를 예쁘게 써 보세요.

日記 [　　] / 日 [　　] + 記 [　　]

독음연습 내 동생 日記에는 온통 꽃 그림만 그려져 있다.

日	記	日	記					

自 然　자연

自 스스로 **자** + 然 그릴 **연** = 自然

스스로[自]의 그대로[然]의 존재가 自然이다.

사람의 힘을 더하지 않은 천연 그대로의 존재.

❀ 다음 빈칸에 한자어의 독음과 한자를 예쁘게 써 보세요.

自然 ☐ / 自 ☐ + 然 ☐

우리는 自然을 보호하기 위한 방법을 토론했다.

自	然	自	然						

轉 學　전학

轉 구를 **전** + 學 배울 **학** = 轉學

학교[學]를 옮겨가는[轉] 것이 轉學이다.

다른 학교로 학적을 옮겨 학업을 계속함.

❀ 다음 빈칸에 한자어의 독음과 한자를 예쁘게 써 보세요.

轉學 ☐ / 轉 ☐ + 學 ☐

나는 轉學 간 내 단짝 친구와 지금도 편지를 주고 받는다.

轉	學	轉	學						

1. 다음 ⬜⬜안에 알맞은 한자어를 <보기>에서 찾아 써 보세요.

보기	理由 自然 實踐 禮節 人間 日記 宿題 轉學 意味 約束

잠 잘 숙 에	제 목 제 는	방 과 과 제		이 고
열 매 실 에	밟 을 천 은	실 제 행 함		이 며
맺 을 약 에	묶 을 속 은	미 리 정 한		이 고
예 도 례 에	마 디 절 은	예 의 범 절		이 며
말 이 나 글	지 니 는 뜻	뜻 의 맛 미		이 고
다 스 릴 이	말 미 암 유	까 닭 사 유		이 며
사 람 인 에	사 이 간 은	만 물 영 장		이 고
날 일 하 여	기 록 할 기	매 일 적 는		이 며
스 스 로 자	그 럴 연 은	저 절 로 된		이 고
구 를 전 에	배 울 학 은	옮 겨 배 움		이 다

2. 다음 한자어의 뜻을 써 보세요.

① 宿題 _____   ⑥ 理由 _____

② 實踐 _____   ⑦ 人間 _____

③ 約束 _____   ⑧ 日記 _____

④ 禮節 _____   ⑨ 自然 _____

⑤ 意味 _____   ⑩ 轉學 _____

3. 다음 한자어의 독음을 쓰고, 한자를 예쁘게 써 보세요.

①	宿題		宿	題	宿	題		
②	實踐		實	踐	實	踐		
③	約束		約	束	約	束		
④	禮節		禮	節	禮	節		
⑤	意味		意	味	意	味		
⑥	理由		理	由	理	由		
⑦	人間		人	間	人	間		
⑧	日記		日	記	日	記		
⑨	自然		自	然	自	然		
⑩	轉學		轉	學	轉	學		

4. 다음 한자어에 독음과 알맞은 뜻을 바르게 연결하세요.

① 轉學 • • 의미 • • 다른 학교로 학적을 옮겨 학업을 계속함.

② 實踐 • • 예절 • • 어떠한 결론이나 결과에 이른 까닭이나 근거.

③ 意味 • • 전학 • • 어떤 말이나 글이 나타내고 있는 내용.

④ 理由 • • 실천 • • 예의에 관한 모든 절차나 질서.

⑤ 禮節 • • 이유 • • 생각한 바를 실제로 행함.

한글로 된 가사를 노래로 부르면 한자어의 뜻이 쉽게 이해돼요.

정 할 정 에	마 음 신 은	정 한 마 음	정 신 이 고
바 를 정 에	곧 을 직 은	곧 고 바 름	정 직 이 며
고 를 조 에	화 할 화 는	잘 어 울 림	조 화 이 고
높 을 존 에	무 거 울 중	높 혀 대 함	존 중 이 며
맡 을 책 에	맡 길 임 은	맡 은 임 무	책 임 이 고
가 장 최 에	착 할 선 은	가 장 좋 음	최 선 이 며
발 로 공 을	차 는 경 기	찰 축 공 구	축 구 이 고
목 적 지 를	향 해 나 감	날 출 필 발	출 발 이 며
일 컬 을 칭	기 릴 찬 은	높 이 평 가	칭 찬 하 고
비 금 속 의	원 소 하 나	숯 탄 힐 소	탄 소 이 다

이제는 한자로 쓰인 한자어 가사도 쉽게 읽을 수 있어요~~^^

精 할 精 에	마 음 神 은	精 한 마 음	精 神 이 고
바 를 正 에	곧 을 直 은	곧 고 바 름	正 直 이 며
고 를 調 에	和 할 和 는	잘 어 울 림	調 和 이 고
높 을 尊 에	무 거 울 重	높 혀 對 함	尊 重 이 며
맡 을 責 에	맡 길 任 은	맡 은 任 務	責 任 이 고
가 장 最 에	착 할 善 은	가 장 좋 음	最 善 이 며
발 로 공 을	차 는 競 技	찰 蹴 공 球	蹴 球 이 고
目 的 地 를	向 해 나 감	날 出 필 發	出 發 이 며
일 컬 을 稱	기 릴 讚 은	높 이 評 價	稱 讚 하 고
非 金 屬 의	元 素 하 나	숯 炭 힐 素	炭 素 이 다

精 神 정신

精 정할 정 + 神 마음 신 = 精神

정한[精] 마음[神]이 精神이다.

영혼이나 마음이나 사물을 느끼고 생각하며 판단하는 능력.

❀ 다음 빈칸에 한자어의 독음과 한자를 예쁘게 써 보세요.

精神 [　] / 精 [　] + 神 [　]

精神을 한 곳에 모으면 이루지 못할 일이 없다.

精	神	精	神						

正 直 정직

正 바를 정 + 直 곧을 직 = 正直

바르고[正] 곧음[直]이 正直이다.

사람이나 사람의 성품, 마음 따위가 바르고 곧음.

❀ 다음 빈칸에 한자어의 독음과 한자를 예쁘게 써 보세요.

正直 [　] / 正 [　] + 直 [　]

아버지께서는 모든 일에 正直이 최선의 방법이라고 가르치신다.

正	直	正	直						

調 和 조화

調 고를 조 + 和 화할 화 = 調和

고르게[調] 화하는[和] 것이 調和이다.

어긋나거나 부딪침이 없이 서로 고르게 잘 어울림.

✿ 다음 빈칸에 한자어의 독음과 한자를 예쁘게 써 보세요.

調和 [ ] / 調 [ ] + 和 [ ]

이 조각은 調和의 미가 돋보이는 작품이다.

調	和	調	和						

尊 重 존중

尊 높을 존 + 重 무거울 중 = 尊重

높이어[尊] 귀중하게[重] 대하는 것이 尊重이다.

높이어 귀중하게 대함.

✿ 다음 빈칸에 한자어의 독음과 한자를 예쁘게 써 보세요.

尊重 [ ] / 尊 [ ] + 重 [ ]

가까운 친구일수록 서로 尊重이 필요하다.

尊	重	尊	重						

責 任　　책임

責 맡을 책 ＋ 任 맡길 임 ＝ 責任

맡아서[責] 해야 할 임무[任]가 責任이다.

맡아서 행해야 할 의무나 임무.

❀ 다음 빈칸에 한자어의 독음과 한자를 예쁘게 써 보세요.

責任　　　 / 責　　　 ＋ 任

그는 지금까지 남에게 責任을 미룬 적이 없다.

責 任 責 任

最 善　　최선

最 가장 최 ＋ 善 착할 선 ＝ 最善

가장[最] 착하고[善] 좋은 것이 最善이다.

가장 좋고 훌륭함.

❀ 다음 빈칸에 한자어의 독음과 한자를 예쁘게 써 보세요.

最善　　　 / 最　　　 ＋ 善

最善을 다하는 것만이 최선의 해결 방법이다.

最 善 最 善

蹴球 축구

蹴 찰 **축** + 球 공 **구** = 蹴球

공[球]을 발로 차는[蹴] 경기가 蹴球이다.

발로 공을 차서 상대방의 골에 공을 넣어 승부를 겨루는 구기 경기.

❀ 다음 빈칸에 한자어의 독음과 한자를 예쁘게 써 보세요.

蹴球 [　　] / 蹴 [　　] + 球 [　　]

우리 반이 반 대항 蹴球 시합에서 승리했다.

蹴	球	蹴	球						

出發 출발

出 날 **출** + 發 필 **발** = 出發

나아가[出]기 위하여 피어나는[發] 것이 出發이다.

특정한 목적지나 방향을 향하여 나아감.

❀ 다음 빈칸에 한자어의 독음과 한자를 예쁘게 써 보세요.

出發 [　　] / 出 [　　] + 發 [　　]

졸업은 끝이 아니라 새로운 出發이다.

出	發	出	發						

稱 讚 칭찬

稱 일컬을 **칭** + 讚 기릴 **찬** = 稱讚

좋은 점을 기리어[讚] 일컬음[稱]이 稱讚이다.

좋은 점이나 착하고 훌륭한 일을 높이 평가함.

❀ 다음 빈칸에 한자어의 독음과 한자를 예쁘게 써 보세요.

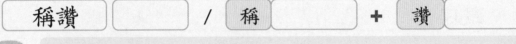

| 稱讚 | | / | 稱 | | + | 讚 | |

어린이에게는 벌보다는 稱讚이 더 효과적이다.

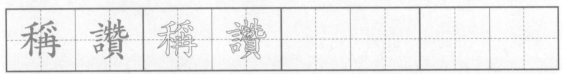

稱	讚	稱	讚					

炭 素 탄소

炭 숯 **탄** + 素 흴 **소** = 炭素

숯[炭] 같이 고온에서 산소[素]와 쉽게 화합하는 원소가 炭素이다.

주기율표 4(4A)족에 속하는 비금속 원소의 하나.

❀ 다음 빈칸에 한자어의 독음과 한자를 예쁘게 써 보세요.

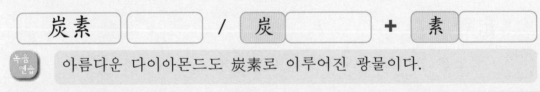

| 炭素 | | / | 炭 | | + | 素 | |

아름다운 다이아몬드도 炭素로 이루어진 광물이다.

炭	素	炭	素					

1. 다음 ☐☐안에 알맞은 한자어를 <보기>에서 찾아 써 보세요.

보기	尊重 責任 正直 出發 炭素 調和 最善 稱讚 精神 蹴球

정 할 정 에	영 혼 신 은	마 음 영 혼		이 고
바 를 정 에	곧 을 직 은	곧 고 바 름		이 며
고 를 조 에	화 할 화 는	잘 어 울 림		이 고
높 을 존 에	무 거 울 중	높 혀 대 함		이 며
맡 을 책 에	맡 길 임 은	맡 은 임 무		이 고
가 장 최 에	착 할 선 은	가 장 좋 음		이 며
발 로 공 을	차 는 경 기	찰 축 공 구		이 고
목 적 지 를	향 해 나 감	날 출 필 발		이 며
일 컬 을 칭	기 릴 찬 은	높 이 평 가		하 고
비 금 속 의	원 소 하 나	숯 탄 힐 소		이 다

2. 다음 한자어의 뜻을 써 보세요.

① 精神 [____] ⑥ 最善 [____]

② 正直 [____] ⑦ 蹴球 [____]

③ 調和 [____] ⑧ 出發 [____]

④ 尊重 [____] ⑨ 稱讚 [____]

⑤ 責任 [____] ⑩ 炭素 [____]

3. 다음 한자어의 독음을 쓰고, 한자를 예쁘게 써 보세요.

① 精神 [　　　] 精 神 精 神 　 　

② 正直 [　　　] 正 直 正 直 　 　

③ 調和 [　　　] 調 和 調 和 　 　

④ 尊重 [　　　] 尊 重 尊 重 　 　

⑤ 責任 [　　　] 責 任 責 任 　 　

⑥ 最善 [　　　] 最 善 最 善 　 　

⑦ 蹴球 [　　　] 蹴 球 蹴 球 　 　

⑧ 出發 [　　　] 出 發 出 發 　 　

⑨ 稱讚 [　　　] 稱 讚 稱 讚 　 　

⑩ 炭素 [　　　] 炭 素 炭 素 　 　

4. 다음 한자어에 독음과 알맞은 뜻을 바르게 연결하세요.

① 尊重 •　• 최선 •　• 좋은 점이나 착하고 훌륭한 일을 높이 평가함.

② 稱讚 •　• 책임 •　• 특정한 목적지나 방향을 향하여 나아감.

③ 出發 •　• 존중 •　• 가장 좋고 훌륭함.

④ 最善 •　• 칭찬 •　• 맡아서 행해야 할 의무나 임무.

⑤ 責任 •　• 출발 •　• 높이어 귀중하게 대함.

사회

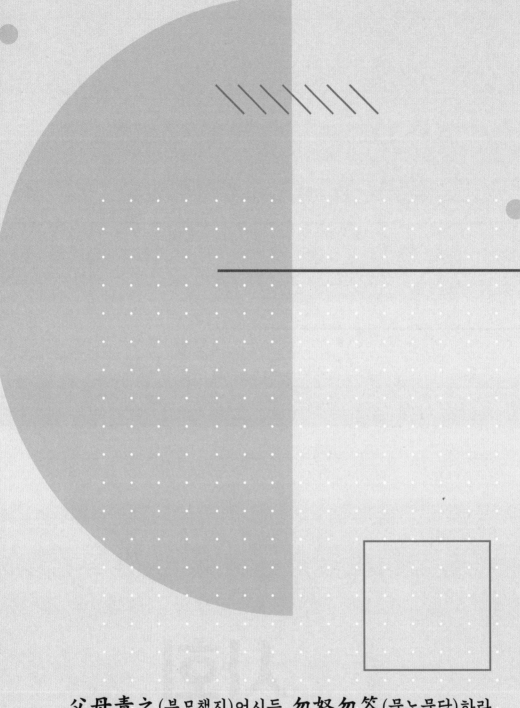

父母責之(부모책지)어시든 勿怒勿答(물노물답)하라

부모님께서 나를 꾸짖으시거든,
성내지 말고 말대답하지 말라. 《인성보감》

한글로 된 가사를 노래로 부르면 한자어의 뜻이 쉽게 이해돼요.

한 가 족 이	생 활 한 집	집 가 뜰 정	가 정 이 고
집 가 에 다	겨 레 족 은	부 부 자 녀	가 족 이 며
미 개 지 를	개 척 발 전	열 개 필 발	개 발 이 고
꾀 계 에 다	그 을 획 은	미 리 구 상	계 획 이 며
공 평 할 공	맺 을 약 은	실 행 약 속	공 약 이 고
장 인 공 에	일 업 하 면	가 공 산 업	공 업 이 며
지 날 과 에	길 정 하 니	일 의 경 로	과 정 이 고
사 귈 교 에	통 할 통 은	탈 것 왕 래	교 통 이 며
얽 을 구 에	이 룰 성 은	짜 서 이 룸	구 성 이 고
권 세 권 에	이 로 울 리	권 세 이 익	권 리 이 다

이제는 한자로 쓰인 한자어 가사도 쉽게 읽을 수 있어요~~^^

한 家 族 이	生 活 한 집	집 家 뜰 庭	家 庭 이 고
집 家 에 다	겨 레 族 은	夫 婦 子 女	家 族 이 며
未 開 地 를	開 拓 發 展	열 開 필 發	開 發 이 고
꾀 計 에 다	그 을 劃 은	미 리 構 想	計 劃 이 며
公 平 할 公	맺 을 約 은	實 行 約 束	公 約 이 고
匠 人 工 에	일 業 하 면	加 工 産 業	工 業 이 며
지 날 過 에	길 程 하 니	일 의 經 路	過 程 이 고
사 귈 交 에	通 할 通 은	탈 것 往 來	交 通 이 며
얽 을 構 에	이 룰 成 은	짜 서 이 룸	構 成 이 고
權 勢 權 에	利 로 울 利	權 勢 利 益	權 利 이 다

家 庭 가정

家 집 가 + 庭 뜰 정 = 家庭

집안[家]의 뜰[庭]에서 생활하는 것이 家庭이다.

한 가족이 생활하는 집.

❀ 다음 빈칸에 한자어의 독음과 한자를 예쁘게 써 보세요.

家庭 [ ] / 家 [ ] + 庭 [ ]

청소년 교육은 학교와 家庭, 사회가 삼위일체가 되어야 한다.

家	庭	家	庭						

家 族 가족

家 집 가 + 族 겨레 족 = 家族

집안[家]의 겨레붙이[族]가 家族이다.

주로 부부를 중심으로 한, 친족 관계에 있는 사람들의 집단.

❀ 다음 빈칸에 한자어의 독음과 한자를 예쁘게 써 보세요.

家族 [ ] / 家 [ ] + 族 [ ]

우리 家族은 저녁 식사만큼은 함께 하려고 노력한다.

家	族	家	族						

開發 개발

開 열 개 + 發 필 발 = 開發

열어서[開] 피어나게[發] 하는 것이 開發이다.

새로운 것을 연구하여 만들어 냄.

❀ 다음 빈칸에 한자어의 독음과 한자를 예쁘게 써 보세요.

開發 [ ] / 開 [ ] + 發 [ ]

아버지는 소프트웨어 開發 업체에서 근무하신다.

開	發	開	發						

計劃 계획

計 꾀 계 + 劃 그을 획 = 計劃

꾀[計]를 세워 그어놓는[劃] 것이 計劃이다.

앞으로 할 일의 절차, 방법, 규모 따위를 미리 헤아려 작정함.

❀ 다음 빈칸에 한자어의 독음과 한자를 예쁘게 써 보세요.

計劃 [ ] / 計 [ ] + 劃 [ ]

나는 방학 때 배낭여행 가기로 計劃을 세웠다.

計	劃	計	劃						

公 約　공약

公 공평할 **공** ＋ 約 맺을 **약** ＝ 公約

공중에게[公] 약속[約]하는 것이 公約이다.

정부나 입후보자 등이 어떤 일에 대해 사회 공중에게 실행할 것을 약속함.

❀ 다음 빈칸에 한자어의 독음과 한자를 예쁘게 써 보세요.

公約 [　]　/　公 [　]　＋　約 [　]

학생회장 후보자들은 현실성 없는 公約을 남발했다.

公　約　公　約

工 業　공업

工 장인 **공** ＋ 業 일 **업** ＝ 工業

가공[工]하는 산업[業]이 工業이다.

원료를 가공하여 인간 생활에 유용한 물자를 생산하는 산업을 통틀어 이르는 말.

❀ 다음 빈칸에 한자어의 독음과 한자를 예쁘게 써 보세요.

工業 [　]　/　工 [　]　＋　業 [　]

이 지역 공장들이 功業 폐수를 무단 방류하다가 적발되었다.

工　業　工　業

過 程 과정

過 지날 **과** + 程 길 **정** = 過程

지나온[過] 길[程]이 過程이다.

일이나 상태가 진행하는 경로.

❀ 다음 빈칸에 한자어의 독음과 한자를 예쁘게 써 보세요.

過程 ☐ / 過 ☐ + 程 ☐

지금 過程이 어디까지 진행되었는지 궁금하다.

過	程	過	程						

交 通 교통

交 사귈 **교** + 通 통할 **통** = 交通

사귀어[交] 통하는[通] 것이 交通이다.

서로 서신이나 의견, 정보 따위를 주고받음.

❀ 다음 빈칸에 한자어의 독음과 한자를 예쁘게 써 보세요.

交通 ☐ / 交 ☐ + 通 ☐

交通이 혼잡할 때는 자전거나 오토바이 같은 것이 더 좋다.

交	通	交	通						

構 成 　구성

構 얽을 구 ＋ 成 이룰 성 ＝ 構成

얽어[構] 짜서 이루어[成] 낸 것이 構成이다.

여러 부분이나 요소들을 얽어 짜서 체계적인 하나의 통일체로 만듦.

❀ 다음 빈칸에 한자어의 독음과 한자를 예쁘게 써 보세요.

構成 　　　　/ 構 　　 ＋ 成

우리 반은 새 학기가 되어서 학급 임원진을 새롭게 構成했다.

構	成	構	成						

權 利 　권리

權 권세 권 ＋ 利 이로울 리 ＝ 權利

권력[權]과 이익[利]이 權利이다.

특정의 이익을 주장하거나 누리기 위해 그의 의사를 관철할 수 있는 법률상의 능력.

❀ 다음 빈칸에 한자어의 독음과 한자를 예쁘게 써 보세요.

權利 　　　　/ 權 　　 ＋ 利

우리는 사회의 모든 영역에서 차별받지 않을 權利를 가지고 있다.

權	利	權	利						

▶▶▶

1. 다음 ☐☐안에 알맞은 한자어를 <보기>에서 찾아 써 보세요.

보기	家族 構成 過程 開發 公約 家庭 交通 權利 工業 計劃

한 가 족 이	생 활 의 집	집 가 뜰 정		이 고
집 가 에 다	겨 레 족 은	부 부 자 녀		이 며
미 개 지 를	개 척 발 전	열 개 필 발		이 고
꾀 계 에 다	그 을 획 은	미 리 구 상		이 며
공 변 될 공	묶 을 약 은	실 행 약 속		이 고
장 인 공 에	일 업 하 면	가 공 산 업		이 며
지 날 과 에	길 정 하 니	일 의 경 로		이 고
사 귈 교 에	통 할 통 은	탈 것 왕 래		이 며
얽 을 구 에	이 룰 성 은	짜 서 이 룸		이 고
권 세 권 에	이 로 울 리	권 세 이 익		이 다

2. 다음 한자어의 뜻을 써 보세요.

① 家庭 ☐☐☐☐

② 家族 ☐☐☐☐

③ 開發 ☐☐☐☐

④ 計劃 ☐☐☐☐

⑤ 公約 ☐☐☐☐

⑥ 工業 ☐☐☐☐

⑦ 過程 ☐☐☐☐

⑧ 交通 ☐☐☐☐

⑨ 構成 ☐☐☐☐

⑩ 權利 ☐☐☐☐

3. 다음 한자어의 독음을 쓰고, 한자를 예쁘게 써 보세요.

	한자어	독음					
①	家庭		家	庭	家	庭	
②	家族		家	族	家	族	
③	開發		開	發	開	發	
④	計劃		計	劃	計	劃	
⑤	公約		公	約	公	約	
⑥	工業		工	業	工	業	
⑦	過程		過	程	過	程	
⑧	交通		交	通	交	通	
⑨	構成		構	成	構	成	
⑩	權利		權	利	權	利	

4. 다음 한자어에 독음과 알맞은 뜻을 바르게 연결하세요.

① 家庭 • • 개발 • • 서로 서신이나 의견, 정보 따위를 주고 받음.

② 交通 • • 가족 • • 일이나 상태가 진행하는 경로.

③ 過程 • • 가정 • • 새로운 것을 연구하여 만들어 냄.

④ 開發 • • 교통 • • 주로 부부를 중심으로 한, 친족 관계에 있는 사람들의 집단.

⑤ 家族 • • 과정 • • 한 가족이 생활하는 집.

歸農 * 男子 * 老人 * 農事 * 農村
多樣 * 團地 * 團體 * 代表 * 道路

📍 한글로 된 가사를 노래로 부르면 한자어의 뜻이 쉽게 이해돼요.

돌 아 갈 귀	농 사 농 은	농 촌 회 귀	귀 농 이 고
사 내 남 에	아 들 자 는	사 내 출 생	남 자 이 며
늙 을 노 에	사 람 인 은	늙 은 사 람	노 인 이 고
농 사 농 에	일 사 하 면	농 촌 의 일	농 사 이 며
농 사 농 에	마 을 촌 은	농 업 마 을	농 촌 이 고
많 을 다 에	모 양 양 은	여 러 모 양	다 양 이 며
둥 글 단 에	땅 지 하 면	집 단 구 역	단 지 이 고
둥 글 단 에	몸 체 하 면	집 단 조 직	단 체 이 며
대 신 할 대	걸 표 하 면	집 단 대 신	대 표 이 고
사 람 과 차	다 니 는 길	길 도 길 로	도 로 이 다

📍 이제는 한자로 쓰인 한자어 가사도 쉽게 읽을 수 있어요~~^^

돌 아 갈 歸	農 事 農 은	農 村 回 歸	歸 農 이 고
사 내 男 에	아 들 子 는	사 내 出 生	男 子 이 며
늙 을 老 에	사 람 人 은	늙 은 사 람	老 人 이 고
農 事 農 에	일 事 하 면	農 村 의 일	農 事 이 며
農 事 農 에	마 을 村 은	農 業 마 을	農 村 이 고
많 을 多 에	模 樣 樣 은	여 러 模 樣	多 樣 이 며
둥 글 團 에	땅 地 하 면	集 團 區 域	團 地 이 고
둥 글 團 에	몸 體 하 면	集 團 組 織	團 體 이 며
代 身 할 代	걸 表 하 면	集 團 代 身	代 表 이 고
사 람 과 車	다 니 는 길	길 道 길 路	道 路 이 다

歸農 귀농

歸 돌아올 귀 + 農 농사 농 = 歸農

농사[農]를 지으려고 시골로 돌아가는[歸] 것이 歸農이다.

다른 일을 하던 사람이 농사를 지으려고 시골로 돌아감.

✿ 다음 빈칸에 한자어의 독음과 한자를 예쁘게 써 보세요.

| 歸農 | | / | 歸 | | + | 農 | |

독음연습 고모부는 歸農을 결심하고 고향으로 내려가셨다.

| 歸 | 農 | 歸 | 農 | | | | | | |

男 子 남자

男 사내 남 + 子 아들 자 = 男子

사내[男]인 사람[子]이 男子이다.

남성의 성(性)을 지닌 사람.

✿ 다음 빈칸에 한자어의 독음과 한자를 예쁘게 써 보세요.

| 男子 | | / | 男 | | + | 子 | |

독음연습 요즈음 초등학교에는 여자 선생이 男子 선생보다 더 많다.

| 男 | 子 | 男 | 子 | | | | | | |

老 人　노인

老 늙을 노 ＋ 人 사람 인 ＝ 老人

(암기비법) 늙은[老] 사람[人]이 老人이다.

(사전풀이) 나이가 많이 들어 늙은 사람.

❀ 다음 빈칸에 한자어의 독음과 한자를 예쁘게 써 보세요.

老人 □ / 老 □ ＋ 人 □

(독음연습) 무의탁 老人들은 겨울 나는 것이 가장 두렵다고 하였다.

老	人	老	人						

農 事　농사

農 농사 농 ＋ 事 일 사 ＝ 農事

(암기비법) 농사[農]의 일[事]이 農事이다.

(사전풀이) 농작물 재배 과정을 통틀어 이르는 말.

❀ 다음 빈칸에 한자어의 독음과 한자를 예쁘게 써 보세요.

農事 □ / 農 □ ＋ 事 □

(독음연습) 고모부는 과수 農事를 엄청 많이 지으신다.

農	事	農	事						

農 村 　농촌

農 농사 농 ＋ 村 마을 촌 ＝ 農村

농사[農]를 주로 짓는 마을[村]이 農村이다.

주민의 대부분이 농업을 생업으로 하는 마을.

❀ 다음 빈칸에 한자어의 독음과 한자를 예쁘게 써 보세요.

農村		/	農		＋	村	

요즈음 農村에서는 일손이 부족하다고 한다.

農	村	農	村					

多 樣 　다양

多 많을 다 ＋ 樣 모양 양 ＝ 多樣

많은[多] 모양[樣]이 多樣이다.

종류가 여러 가지로 많음.

❀ 다음 빈칸에 한자어의 독음과 한자를 예쁘게 써 보세요.

多樣		/	多		＋	樣	

학급회의 때 급우들의 의견이 多樣하게 나왔다.

多	樣	多	樣				

團 地 단지

團 둥글 **단** + 地 땅 **지** = 團地

집단적[團]으로 만들어 놓은 땅[地]이 團地이다.

주택, 공장, 작물 재배지 등을 계획적이며 집단적으로 만들어 놓은 곳.

❀ 다음 빈칸에 한자어의 독음과 한자를 예쁘게 써 보세요.

| 團地 | | / | 團 | | + | 地 | |

우리 마을에는 비닐하우스 團地가 있다.

| 團 | 地 | 團 | 地 | | | | | |

團 體 단체

團 둥글 **단** + 體 몸 **체** = 團體

둥글게[團] 모인 무리[體]들이 團體이다.

같은 목적을 위해 모인 무리.

❀ 다음 빈칸에 한자어의 독음과 한자를 예쁘게 써 보세요.

| 團體 | | / | 團 | | + | 體 | |

내일 우리학교는 국립박물관을 團體 관람을 한다.

| 團 | 體 | 團 | 體 | | | | |

代 表　대표

代 대신할 **대** + 表 겉 **표** = 代表

대신하여[代] 겉으로[表] 드러냄이 代表이다.

조직이나 집단을 대신하여 일을 하거나 생각을 드러냄.

❀ 다음 빈칸에 한자어의 독음과 한자를 예쁘게 써 보세요.

| 代表 | | / | 代 | | + | 表 | |

나는 학교 代表로 나가 상을 받게 되었다.

代	表	代	表					

道 路　도로

道 길 **도** + 路 길 **로** = 道路

길[道]과 길[路]이 道路이다.

사람, 차 따위가 잘 다닐 수 있도록 만들어 놓은 비교적 넓은 길.

❀ 다음 빈칸에 한자어의 독음과 한자를 예쁘게 써 보세요.

| 道路 | | / | 道 | | + | 路 | |

특히 고속 道路에서는 규정 속도를 지켜야 한다.

道	路	道	路					

1. 다음 □□안에 알맞은 한자어를 <보기>에서 찾아 써 보세요.

보기

團地 男子 多樣 農事 團體 老人 代表 歸農 道路 農村

돌 아 갈 귀	농 사 농 은	농 촌 회 귀		이 고
사 내 남 에	아 들 자 는	사 내 출 생		이 며
늙 을 노 에	사 람 인 은	늙 은 사 람		이 고
농 사 농 에	일 사 하 면	농 촌 의 일		이 며
농 사 농 에	마 을 촌 은	농 업 마 을		이 고
많 을 다 에	모 양 양 은	여 러 모 양		이 며
둥 글 단 에	땅 지 하 면	집 단 구 역		이 고
둥 글 단 에	몸 체 하 면	집 단 조 직		이 며
대 신 할 대	겉 표 하 면	집 단 대 신		이 고
사 람 과 차	다 니 는 길	길 도 길 로		이 다

2. 다음 한자어의 뜻을 써 보세요.

① 歸農

② 男子

③ 老人

④ 農事

⑤ 農村

⑥ 多樣

⑦ 團地

⑧ 團體

⑨ 代表

⑩ 道路

3. 다음 한자어의 독음을 쓰고, 한자를 예쁘게 써 보세요.

①	歸農		歸	農	歸	農	
②	男子		男	子	男	子	
③	老人		老	人	老	人	
④	農事		農	事	農	事	
⑤	農村		農	村	農	村	
⑥	多樣		多	樣	多	樣	
⑦	團地		團	地	團	地	
⑧	團體		團	體	團	體	
⑨	代表		代	表	代	表	
⑩	道路		道	路	道	路	

4. 다음 한자어에 독음과 알맞은 뜻을 바르게 연결하세요.

① 多樣 · · 노인 · · 같은 목적을 위해 모인 무리.

② 農村 · · 농사 · · 종류가 여러 가지로 많음.

③ 老人 · · 단체 · · 주민의 대부분이 농업을 생업으로 하는 마을.

④ 農事 · · 다양 · · 나이가 많이 들어 늙은 사람.

⑤ 團體 · · 농촌 · · 농작물 재배 과정을 통틀어 이르는 말.

都市 ＊ 道廳 ＊ 物件 ＊ 未來 ＊ 發達
發展 ＊ 附錄 ＊ 不足 ＊ 社會 ＊ 象徵

📍 한글로 된 가사를 노래로 부르면 한자어의 뜻이 쉽게 이해돼요.

도 읍 도 에	저 자 시 는	사 람 많 은	도 시 이 고
길 도 하 고	관 청 청 은	도 의 관 청	도 청 이 며
물 건 물 에	물 건 건 은	형 체 갖 춘	물 건 이 고
아 닐 미 에	올 래 하 면	앞 날 의 뜻	미 래 이 며
필 발 에 다	이 를 달 은	성 장 성 숙	발 달 이 고
좋 고 높 은	단 계 나 감	필 발 펼 전	발 전 이 며
붙 을 부 에	기 록 할 록	붙 인 기 록	부 록 이 고
아 닐 부 에	발 족 하 면	모 자 란 다	불 족 이 며
모 일 사 에	모 일 회 는	인 간 집 단	사 회 이 고
코 끼 리 상	부 를 징 은	기 호 사 물	상 징 이 다

📍 이제는 한자로 쓰인 한자어 가사도 쉽게 읽을 수 있어요~~^^

都 邑 都 에	저 자 市 는	사 람 많 은	都 市 이 고
길 道 하 고	官 廳 廳 은	道 의 官 廳	道 廳 이 며
物 件 物 에	物 件 件 은	形 體 갖 춘	物 件 이 고
아 닐 未 에	올 來 하 면	앞 날 의 뜻	未 來 이 며
필 發 에 다	이 를 達 은	成 長 成 熟	發 達 이 고
좋 고 높 은	段 階 나 감	필 發 펼 展	發 展 이 며
붙 을 附 에	記 錄 할 錄	붙 인 記 錄	附 錄 이 고
아 닐 不 에	발 足 하 면	모 자 란 다	不 足 이 며
모 일 社 에	모 일 會 는	人 間 集 團	社 會 이 고
코 끼 리 象	부 를 徵 은	記 號 事 物	象 徵 이 다

都 市　도시

都 도읍 도 ＋ 市 저자 시 ＝ 都市

저자[市]가 있는 도읍[都]이 都市이다.

많은 인구가 모여 살며 일정 지역의 정치, 경제, 문화의 중심이 되는 곳.

❀ 다음 빈칸에 한자어의 독음과 한자를 예쁘게 써 보세요.

都市 [　] ／ 都 [　] ＋ 市 [　]

여름휴가로 시민들이 都市를 빠져나간 탓인지 시내가 한가하다.

都	市	都	市						

道 廳　도청

道 길 도 ＋ 廳 관청 청 ＝ 道廳

도[道]의 관청[廳]이 道廳이다.

도의 행정 사무를 맡아 처리하는 지방 관청

❀ 다음 빈칸에 한자어의 독음과 한자를 예쁘게 써 보세요.

道廳 [　] ／ 道 [　] ＋ 廳 [　]

시민 대표들이 道廳에 들어가 협상을 하고 있다.

道	廳	道	廳						

物 件　**물건**

物 물건 **물** ＋ 件 물건 **건** ＝ 物件

물질[物]이나 물건[件]을 합쳐 物件이라 한다.

일정한 형체를 갖춘 물질적 대상.

❀ 다음 빈칸에 한자어의 독음과 한자를 예쁘게 써 보세요.

物件 ☐ / 物 ☐ ＋ 件 ☐

내가 찾고 있는 物件이 책상위에 있다.

物	件	物	件					

未 來　**미래**

未 아닐 **미** ＋ 來 올 **래** ＝ 未來

오지[來] 않은[未] 때가 未來이다.

앞으로 올 때.

❀ 다음 빈칸에 한자어의 독음과 한자를 예쁘게 써 보세요.

未來 ☐ / 未 ☐ ＋ 來 ☐

未來의 세계는 어떤 모습일지 궁금하다.

未	來	未	來					

發 達　발달

發 필 발 + 達 이를 달 = 發達

피어나서[發] 이르는[達] 것이 發達이다.

신체, 정서, 지능 따위가 성장하거나 성숙함.

❀ 다음 빈칸에 한자어의 독음과 한자를 예쁘게 써 보세요.

發達		/	發		+	達	

기술이 發達하면서 건물도 조립식으로 짓는다.

發	達	發	達						

發 展　발전

發 필 발 + 展 펼 전 = 發展

피어나서[發] 더 좋게 펼쳐지는[展] 것이 發展이다.

사물이 보다 낫고 더 좋은 상태로 나아감.

❀ 다음 빈칸에 한자어의 독음과 한자를 예쁘게 써 보세요.

發展		/	發		+	展	

민족과 언어는 역사적 發展과 상관성이 있다고 배웠다.

發	展	發	展						

附 錄　부록

附 붙을 **부** + 錄 기록할 **록** = | 附錄 |

(암기비결) 붙여놓은[附] 기록[錄]이 附錄이다.

(사전풀이) 본문 끝에 덧붙이는 기록.

❀ 다음 빈칸에 한자어의 독음과 한자를 예쁘게 써 보세요.

| 附錄 | | / | 附 | | + | 錄 | |

(독음연습) 이 사전의 附錄에는 효에 관한 옛시조가 실려 있다.

附	錄	附	錄						

不 足　부족

不 아닌가 **부** + 足 발 **족** = | 不足 |

(암기비결) 만족하지[足] 않은[不] 것이 不足이다.

(사전풀이) 일정한 정도나 양에 이르지 못함.

❀ 다음 빈칸에 한자어의 독음과 한자를 예쁘게 써 보세요.

| 不足 | | / | 不 | | + | 足 | |

(독음연습) 우리는 생활에서 不足을 모르고 행복하게 살고 있습니다.

不	足	不	足						

社 會 사회

社 모일 **사** + 會 모일 **회** = 社會

모이고[社] 모이는[會] 것이 社會이다.

공동생활을 영위하는 모든 형태의 인간 집단.

❀ 다음 빈칸에 한자어의 독음과 한자를 예쁘게 써 보세요.

社會 [　] / 社 [　] + 會 [　]

건강한 社會는 비판이 자유롭고 개방적이다.

社	會	社	會						

象 徵 상징

象 코끼리 **상** + 徵 부를 **징** = 象徵

코끼리[象] 같은 특징[徵]이 象徵이다.

추상적인 개념이나 사물을 구체적인 사물로 나타냄.

❀ 다음 빈칸에 한자어의 독음과 한자를 예쁘게 써 보세요.

象徵 [　] / 象 [　] + 徵 [　]

비너스는 영원한 미의 象徵이다.

象	徵	象	徵					

1. 다음 ☐☐안에 알맞은 한자어를 <보기>에서 찾아 써 보세요.

| 보기 | 不足 社會 道廳 未來 發展 都市 附錄 象徵 發達 物件 |

도 읍 도 에	저 자 시 는	사 람 많 은		이 고
길 도 하 고	관 청 청 은	도 의 행 정		이 며
물 건 물 에	물 건 건 은	형 체 갖 춘		이 고
아 닐 미 에	올 래 하 면	앞 날 의 뜻		이 며
필 발 에 다	이 를 달 은	성 장 성 숙		이 고
좋 고 높 은	단 계 나 감	필 발 펼 전		이 며
붙 을 부 에	기 록 할 록	붙 인 기 록		이 고
아 닐 부 에	발 족 하 면	모 자 란 다		이 며
모 일 사 에	모 일 회 는	인 간 집 단		이 고
코 끼 리 상	부 를 징 은	기 호 사 물		이 다

2. 다음 한자어의 뜻을 써 보세요.

① 都市 ☐
② 道廳 ☐
③ 物件 ☐
④ 未來 ☐
⑤ 發達 ☐

⑥ 發展 ☐
⑦ 附錄 ☐
⑧ 不足 ☐
⑨ 社會 ☐
⑩ 象徵 ☐

3. 다음 한자어의 독음을 쓰고, 한자를 예쁘게 써 보세요.

① 都市 | | 都 市 都 市 | | |
② 道廳 | | 道 廳 道 廳 | | |
③ 物件 | | 物 件 物 件 | | |
④ 未來 | | 未 來 未 來 | | |
⑤ 發達 | | 發 達 發 達 | | |
⑥ 發展 | | 發 展 發 展 | | |
⑦ 附錄 | | 附 錄 附 錄 | | |
⑧ 不足 | | 不 足 不 足 | | |
⑨ 社會 | | 社 會 社 會 | | |
⑩ 象徵 | | 象 徵 象 徵 | | |

4. 다음 한자어에 독음과 알맞은 뜻을 바르게 연결하세요.

① 不足 ·　· 사회 ·　· 공동생활을 영위하는 모든 형태의 인간 집단.

② 社會 ·　· 부족 ·　· 일정한 정도나 양에 이르지 못함.

③ 附錄 ·　· 부록 ·　· 본문 끝에 덧붙이는 기록.

④ 物件 ·　· 물건 ·　· 사물이 보다 낫고 더 좋은 상태로 나아감.

⑤ 發展 ·　· 발전 ·　· 일정한 형체를 갖춘 물질적 대상.

초등교과서 한자어

평가문제

4학년

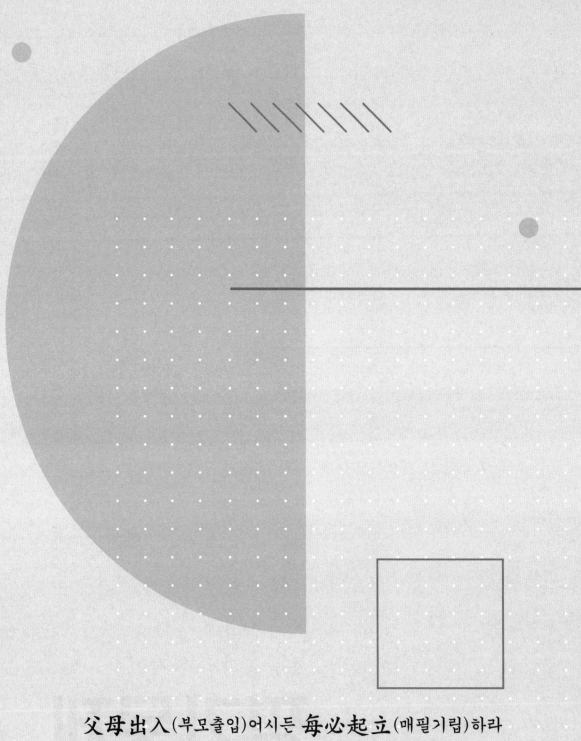

父母出入(부모출입)어시든 每必起立(매필기립)하라

부모님께서 나가시거나 들어오실 때에는,
매번 반드시 자리에서 일어나라. 《인성보감》

초등교과서 한자어 [4학년] 평가문제지

· ( )학교   · ( )학년   · 성명( )

국어 [30문항]

■ 다음 한자어와 독음을 바르게 연결하세요.

1. 根據 ·   ① · 비밀

2. 秘密 ·   ② · 생신

3. 生辰 ·   ③ · 근거

4. 危險 ·   ④ · 순간

5. 瞬間 ·   ⑤ · 위험

■ 다음 뜻에 알맞은 한자어의 번호를 <보기>에서 찾아 쓰세요.

보기   ①映像 ②境遇 ③地境

6. 어떤 조건 아래에 놓인 그때의 상황이나 형편.···················· ( )

7. 빛의 굴절이나 반사 등에 의하여 이루어진 물체의 상. ········· ( )

■ 다음 중 한자어의 독음이 바른 것의 번호를 쓰세요.

8. 斟酌 ··································· ( )
  ① 요약   ② 과조
  ③ 짐작   ④ 짐조

9. 和解 ··································· ( )
  ① 사해   ② 사상
  ③ 화상   ④ 화해

■ 다음 한자어의 뜻이 바른 것의 번호를 쓰세요.

10. 適用 ·································· ( )
  ① 가다가 찾아서 씀.
  ② 맞지 않아도 억지로 씀.
  ③ 사용하다 보니 맞게 됨.
  ④ 알맞게 이용하거나 맞추어 씀.

11. 研究家 ······························ ( )
  ① 연구를 전문으로 하는 사람.
  ② 집에서만 연구하는 사람.
  ③ 연구하려고 집을 지은 사람.
  ④ 연구에 종사하는 사람.

■ 다음 문장 속 밑줄 친 한자어의 독음이 바른 것의 번호를 쓰세요.

12. 나는 아침마다 꾸준히 運動을 하고 있다. ························· ( )
  ① 군동   ② 군중
  ③ 운동   ④ 운중

13. 국어 <u>2次時</u>　학습은 글짓기에 대하여 공부한다. ………… (　　)
　① 차시　　　　② 흠시
　③ 음시　　　　④ 자시

14. 형형색색의 <u>雨傘</u>이 거리를 가득 매웠다. ………………… (　　)
　① 설상　　　　② 우산
　③ 우상　　　　④ 설상

■ 다음 <u>밑줄 친</u> 한자어의 독음(소리)을 <보기>와 같이 쓰세요.

> 보기
> 하루를 <u>一日</u>이라고 한다.
> ………………(　일일　)

주15. 우리나라는 아직 <u>著作權</u>에 대한 인식이 부족한 것 같다.
　　………………………… (　　　　)

주16. 부모님께 자신의 <u>出處</u>를 말씀드리고 다니는 것이 자식의 도리이다. ……………… (　　　　)

■ 다음 한자어의 독음(소리)을 <보기>와 같이 쓰세요.

> 보기
> 一日 (　일일　)

주17. 經驗 (　　) 주18. 童子 (　　)

주19. 恩惠 (　　) 주20. 現實 (　　)

주21. 獨島 (　　) 주22. 重要 (　　)

주23. 奉仕 (　　) 주24. 水剌床 (　　)

■ 다음 뜻에 알맞은 한자어를 <보기>에서 골라 한자로 쓰시오.

> 보기
> 提示,　討論,　亭子,　幸福
> 窓門,　分量,　整理,　發表

주25. 수효, 무게 따위의 많고 적음이나 부피의 크고 작은 정도. (　　)

주26. 생활에서 충분한 만족과 기쁨을 느끼어 흐뭇함. ……… (　　　　)

주27. 어떠한 의사를 말이나 글로 나타내어 보임. ………… (　　　　)

주28. 어떤 사실이나 작품 따위를 세상에 널리 드러내어 알림. (　　)

주29. 경치가 좋은 곳에 놀거나 쉬기 위하여 지은 집. ……… (　　　　)

주30. 어떤 문제에 대하여 여러 사람이 각각 의견을 말하여 논의함.(　　)

수학 [15문항]

■ 다음 한자어의 독음을 바르게 연결하세요.

1. 距離　•　　　　　① • 상자
2. 模型　•　　　　　② • 수선
3. 箱子　•　　　　　③ • 과자
4. 垂線　•　　　　　④ • 거리
5. 菓子　•　　　　　⑤ • 모형

■ 다음 뜻에 알맞은 한자어의 번호를 <보기>에서 찾아 쓰세요.

보기	①對應　②各各　③角度

6. 어떤 일이나 사태에 나름대로의 태도나 행동을 취함. ………… (　　)

7. 한 점에서 갈려 나간 두 직선의 벌어진 정도.……………… (　　)

■ 다음 중 한자어의 독음이 바른 것의 번호를 쓰시오.

8. 約數 ……………………… (　　)
　① 조수　　　② 약삭
　③ 조삭　　　④ 약수

9. 時刻 ……………………… (　　)
　① 시간　　　② 시각
　③ 사간　　　④ 사각

■ 다음 한자어의 뜻이 바른 것의 번호를 쓰세요.

10. 移動 ……………………… (　　)
　① 옮겨가서 행동함.
　② 움직이면 옮기게 됨.
　③ 움직여 옮김.
　④ 움직여서 떠나감.

11. 圖形 ……………………… (　　)
　① 형체를 그림.
　② 지도의 모양.
　③ 그림같은 모양.
　④ 그림이나 모양.

■ 다음 밑줄 친 한자어의 독음(소리)을 <보기>와 같이 쓰세요.

보기	하루를 <u>一日</u>이라고 한다. …………………(　일일　)

㉞12. 우리 모둠은 힘을 합쳐서 학급 문집을 <u>完成</u>했다.
　…………………………(　　　)

㉞13. <u>規則</u>적인 생활은 정신과 육체를 건강하게 한다.
　…………………………(　　　)

■ 다음 한자어의 독음(소리)을 <보기>와 같이 쓰세요.

보기	一日 (　　일일　)

14. 關係 (　　　　　)
　　對角線 (　　　　　)

과학 [15문항]

■ 다음 한자어와 독음을 바르게 연결하세요.

1. 物體 •　　　　① • 물체
2. 巖石 •　　　　② • 증발
3. 蒸發 •　　　　③ • 암석
4. 活動 •　　　　④ • 피해
5. 被害 •　　　　⑤ • 활동

■ 다음 뜻에 알맞은 한자어의 번호를 <보기>에서 찾아 쓰세요.

> 보기
> ①豫想 ②實驗 ③必要

6. 과학에서, 이론이나 현상을 관찰하고 측정함. ····················· ( )

7. 어떤 일을 직접 당하기 전에 미리 생각하여 둠. ················ ( )

■ 다음 중 한자어의 독음이 바른 것의 번호를 쓰시오.

8. 液體 ························· ( )
   ① 야체   ② 액례
   ③ 액체   ④ 야례

9. 演劇 ························· ( )
   ① 연거   ② 인극
   ③ 인거   ④ 연극

■ 다음 한자어의 뜻이 바른 것의 번호를 쓰세요.

10. 物質 ························ ( )
    ① 물체를 이루는 본바탕.
    ② 물건이 갖고 있는 성질.
    ③ 물체를 성질대로 나눔.
    ④ 물건의 질이 고급스러움.

11. 程度 ························ ( )
    ① 과정마다 느끼는 온도.
    ② 일정하게 유지하는 온도.
    ③ 일정한 분수나 한도.
    ④ 한도가 일정하게 정해짐.

■ 다음 밑줄 친 한자어의 독음(소리)을 <보기>와 같이 쓰세요.

> 보기
> 하루를 __一日__이라고 한다.
> ·················(일일)

㉣12. 나는 공부를 한 뒤 맑은 __空氣__를 마시러 뒷산에 올랐다.
      ················( )

㉣13. 요즈음 같은 때에는 날씨의 __變化__가 심하다.
      ················( )

■ 다음 한자어의 독음(소리)을 <보기>와 같이 쓰세요.

> 보기
> 一日 (일일)

㉣14. 科學 ( )   ㉣15. 分類 ( )

도덕 [15문항]

■ 다음 한자어와 독음을 바르게 연결하세요.

1. 葛藤 •   ① • 노력
2. 努力 •   ② • 갈등
3. 反省 •   ③ • 반성
4. 宿題 •   ④ • 환경
5. 環境 •   ⑤ • 숙제

■ 다음 뜻에 알맞은 한자어의 번호를 <보기>에서 찾아 쓰세요.

> **보기** ①現場　②偏見　③判斷

6. 어떤 일이나 사건이 실제로 일어나고 있거나 일어난 곳. …… (　　)

7. 사물을 인식하여 논리나 기준 등에 따라 판정을 내림. ……… (　　)

■ 다음 중 한자어의 독음이 바른 것의 번호를 쓰시오.

8. 調和 …………………… (　　)
① 주화　　　② 주사
③ 조사　　　④ 조화

9. 段階 …………………… (　　)
① 투계　　　② 단계
③ 단개　　　④ 투개

■ 다음 한자어의 뜻이 바른 것의 번호를 쓰세요.

10. 繼續 …………………… (　　)
① 끊어진 것을 이어 맴.
② 이어진 곳이 다시 끊어짐.
③ 끊이지 않고 이어나감.
④ 이었다가 다시 끊어 놓음.

11. 協同 …………………… (　　)
① 합쳐 놓으니 하나가 됨.
② 하나가 된 것이 합쳐 놓음.
③ 힘을 합쳐서 움직여 감.
④ 서로 마음과 힘을 합함.

■ 다음 밑줄 친 한자어의 독음(소리)을 <보기>와 같이 쓰세요.

> **보기** 하루를 <u>一日</u>이라고 한다.
> ……………(　일일　)

12. 입체 영상으로 <u>假想</u> 현실을 체험하다니 신기하다.
………………………(　　　　)

13. 어린이에게는 벌보다 <u>稱讚</u>이 더 효과적이다.
………………………(　　　　)

■ 다음 한자어의 독음(소리)을 <보기>와 같이 쓰세요.

> **보기** 一日 (　일일　)

14. 炭素 (　　) 15. 判斷 (　　)

사회 [15문항]

■ 다음 한자어와 독음을 바르게 연결하세요.

1. 家族 •　　　　　① • 가족
2. 象徵 •　　　　　② • 상징
3. 農村 •　　　　　③ • 단지
4. 團地 •　　　　　④ • 농촌
5. 選擧 •　　　　　⑤ • 선거

■ 다음 뜻에 알맞은 한자어의 번호를 <보기>에서 찾아 쓰세요.

> **보기**　　①議員　②發達　③議會

6. 신체, 정서, 지능 따위가 성장하거나 성숙함. ……………… (　　)

7. 삼권분립 체제의 국가에서 입법기관을 이르는 말. …………… (　　)

■ 다음 중 한자어의 독음이 바른 것의 번호를 쓰시오.

8. 汚染 ……………………… (　　)
① 오염　　　　② 오칠
③ 우염　　　　④ 우칠

9. 候補者 ………………… (　　)
① 후포자　　　② 호보자
③ 호포자　　　④ 후보자

■ 다음 한자어의 뜻이 바른 것의 번호를 쓰세요.

10. 家庭 ……………………… (　　)
① 집에 뜰을 설치함.
② 정원이 있는 집.
③ 한 가족이 생활하는 집.
④ 가족이 뜰에서 놀고 있음.

11. 多樣 ……………………… (　　)
① 종류가 여러 가지로 많음.
② 많은 모양을 그려 놓음.
③ 양식을 많이 수집함.
④ 많은 것들의 모양을 수집함.

■ 다음 밑줄 친 한자어의 독음(소리)을 <보기>와 같이 쓰세요.

> **보기**　　하루를 一日이라고 한다.
> ………………(　　일일　　)

㈜12. 우리 반은 새 학기가 되어서 학급 임원진을 새롭게 **構成**했다.
………………………(　　　　　)

㈜13. 내일 우리 학교는 국립박물관을 **團體** 관람을 한다.
………………………(　　　　　)

■ 다음 한자어의 독음(소리)을 <보기>와 같이 쓰세요.

> **보기**　　一日 (　　일일　　)

㈜14. 計劃 (　　　　　)

㈜15. 附錄 (　　　　　)

☞ 시험문제지와 답안지를
비교하면서
자기 실력을 확인해 보고
스스로를 칭찬하세요.
참! 잘했어요.^^

<4학년>초등교과서 한자어 평가문제 해답

【국어 1~30】		【수학 1~15】		【도덕 1~15】	
1	③	1	④	1	①
2	①	2	⑤	2	③
3	②	3	①	3	②
4	⑤	4	②	4	⑤
5	④	5	③	5	④
6	②	6	①	6	②
7	①	7	③	7	①
8	③	8	④	8	③
9	④	9	②	9	④
10	④	10	③	10	①
11	①	11	④	11	③
12	③	12	완성	12	공기
13	①	13	규칙	13	변화
14	②	14	관계	14	과학
15	저작권	15	대각선	15	분류
16	출처	【도덕 1~15】		【사회 1~15】	
17	경험	1	②	1	①
18	동자	2	①	2	②
19	은혜	3	③	3	④
20	현실	4	⑤	4	③
21	독도	5	④	5	⑤
22	중요	6	①	6	②
23	봉사	7	③	7	③
24	수라상	8	④	8	①
25	分量	9	②	9	④
26	幸福	10	③	10	③
27	提示	11	④	11	①
28	發表	12	가상	12	구성
29	亭子	13	칭찬	13	단체
30	討論	14	탄소	14	계획
		15	판단	15	부록

교과서 한자어 4학년